JUVENTUDE DESPERTA

ROBERTO SABBADINI

JUVENTUDE DESPERTA

LACHÂTRE

INSTITUTO LACHÂTRE
Rua Dom Bosco, 44, Mooca – CEP 03105-020
São Paulo – SP
Telefone: 11 2277-1747
Site: www.lachatre.org.br
E-mail: editora@lachatre.org.br

Programação visual de capa
Fernando Campos

Janeiro de 2021 – 1ª edição, 1ª reimpressão
Do 1.501º ao 2.500º exemplar

CIP-Brasil. Catalogação na fonte

Sabbadini, Roberto,

Juventude Desperta / Roberto Sabbadini – 1ª ed., 1ª reimpressão. São Paulo, SP: Instituto Lachâtre, janeiro de 2021.

192p.
Romance

1. Juventude. 2. Romance. 3. Espiritismo. I. Sabbadini, Roberto. II. Título. III. Referências.

CDD 133.9 CDU 133.7

Impresso no Brasil *Presita en Brazilo*

Dedico este livro à minha alma,
da qual estou enamorado

"O mais belo livro está em nós mesmos;
o Infinito revela-se nele.
Feliz daquele que nele pode ler!"

Léon Dennis

SUMÁRIO

JUSTIFICATIVA

Quem nunca olhou para o céu estrelado e não se questionou sobre como as estrelas ficavam agarradas lá em cima sem caírem?

Quem nunca olhou um peixinho no aquário e se questionou sobre como os peixes conseguiam respirar debaixo d'água?

Quem nunca olhou uma mulher grávida e se perguntou como a criança foi parar ali dentro?

Quem nunca se maravilhou com o arco-íris e tentou correr para encontrar o pote de ouro?

Quem nunca!? Quem nunca foi criança e fez perguntas desconcertantes para seus pais?

Quem nunca quis ser um astronauta e viajar pelas galáxias sem fim? Ou desbravar o fundo dos mares? Ou ser bombeiro, ou médico, ou lixeiro, ou a profissão de seus pais?

Quem nunca sonhou com futuros mirabolantes, em conversas descontraídas com os amigos?

Quem nunca desejou namorar aquele(a) artista que encantava na televisão ou no cinema?

A mente sobrevoa o passado e não se cansa de perguntar porque a gente cresce! Quantas vezes a vida adulta se torna chata e desmotivadora! Quando o cansaço domina, vem à lembrança o colo provedor da mãe e suas histórias que acalentavam e ensinavam ao mesmo tempo!

Recordar é viver, já disse o poeta. Em espiritismo significa reeducação da alma, revendo projetos abandonados e refazendo caminhos. A juventude já raiou no horizonte e a penumbra do anoitecer indica oportunidade ímpar para compartilhar o que foi duramente acumulado pelas experiências vividas.

Pensando já no próximo renascer, deixo aqui registradas algumas ansiedades que já dormitaram em meu ser e que permanecem ainda no coração e na mente de inúmeros jovens.

O espiritismo abre um campo referto de deslumbramento à alma que já decidiu materializar as palavras do Mestre: "Vim para que tenhais vida e vida em abundância".

Roberto Sabbadini

(Facebook: Beto Sabbadini.
Youtube: Beto Sabbadini.
Instagram: @betosabbadinijunior.
Email: prof.sabbadini@gmail.com.)

1
NA MOCIDADE

Estrugiu novamente a voz do inquieto Arthur, após a colocação de um amigo, na pequenina sala em que se reuniam para a mocidade espírita de sua cidade, sobre as possibilidades do livre-arbítrio. Tendo analisado por alguns segundos o argumento proposto, foi logo falando:

– Mas como pode ser assim? Se eu tenho o livre-arbítrio para escolher a minha própria vida, por que haveria de desejar os problemas e incômodos pelos quais não gostaria de ter que passar?

A resposta de Bernardo não tardou, veio tão rápida quanto a pergunta:

– Justamente porque escolheu experiências que não foram bem aproveitadas, hoje tem a oportunidade de rever os caminhos percorridos incorporando novas competências e habilidades. Cada escolha direta, ou proveniente da lei de causa e efeito, representa uma chance de reeducar a sua própria alma, superando e ressignificando cada atitude.

– Se fomos criados por Deus, que é a própria perfeição, e Ele não criou o mal, então quem criou?

– A conclusão é lógica, Arthur! – retrucou outro colega de mocidade. – O nosso livre-arbítrio mal utilizado foi o responsável pelo aparecimento do mal dentro de nós, escolhendo de maneira egoística o prazer em detrimento do dever. Precisamos, deste modo, nos ajustar frente as leis divinas! Mamãe leu esta pergunta do livro *Consolador* no culto do lar esta semana! Que coincidência...

– Além disso – acrescentou Maria, a orientadora –, podemos dizer ainda que o mal propriamente dito é um aspecto da moral, e esse conceito diz que as normas e regras estão sempre de acordo com os costumes de uma sociedade, ou seja, o mal é tudo aquilo que não corresponde a esse padrão de comportamento. Muitas vezes temos o mau hábito de taxar negativamente os que se comportam diferente desses costumes com preconceitos e verdadeiras discriminações. Assim, o que representa o mal em uma época não o é, necessariamente, em outra. O mal em última instância não existe. Fiz-me entender? – e todos balançaram a cabeça afirmativamente.

Tudo levava a crer que a discussão havia terminado, mas Arthur não era um jovem que se rendia facilmente, tinha essa mania de ir buscando a essência de tudo que conversava, como uma criança na fase dos porquês! Não satisfeito, voltou a questionar:

– Já que é assim, então, posso decidir não mais evoluir, já que pertence à minha livre escolha. Certo?

Interveio, novamente, Maria, a dedicada orientadora da mocidade, esclarecendo de maneira pedagógica e inspirada aos meninos que seguiam atentos à discussão:

– Vamos com calma e devagar, para que possamos apreender da melhor maneira esse tópico, pois a dúvida é o bichinho comichão que exercita nosso cérebro. Ao nos criar, simples e ignorantes, Deus nos ofereceu a oportunidade de desenvolvermos a nós mesmos, ou seja, cada um individualmente tomando as rédeas do próprio progresso. Nesse quesito, o tempo que levaríamos para evoluir, bem como o ritmo e os caminhos utilizados, seriam todos de nossa escolha. A única determinação de Deus, a única fatalidade da qual todos nós não podemos fugir, é a busca constante pela perfeição relativa. Sobre isso, não há escolha, é imposição, é lei. Arthur, você poderá retardar o quanto quiser a sua evolução, mas jamais se furtará a realizá-la.

"A respeito do livre-arbítrio, a melhor maneira de entendê-lo é comparando-o a uma criança. Quando recém-nascida, ela não escolhe nada sobre si mesma: o alimento, a roupa, o banho, a hora de dormir... À medida que vai crescendo, já passa a identificar os sabores dos alimentos, rejeitando alguns e se deliciando com outros. Posteriormente, começa a dar os primeiros passos e ganha autonomia para decidir aonde vai, mas sempre debaixo do olhar atento dos pais. Quando começa a frequentar a escola, outros atributos lhe são concedidos, tais como: escolher a merenda, brincar com os amiguinhos etc. Na fase da adolescência, ampliam-se ainda mais as situações que ela pode escolher, mas ainda sob a tutela de seus pais. Sucessivamente, vai ganhando capacidade e aumentando a quantidade de possibilidades que tem para decidir. Assim acontece conosco, enquanto espíritos imortais. Passamos por todas as fases conquistando, gradualmente, maior independência a cada etapa ultrapassada."

– Estou entendendo que nós somos a criança e que o livre-arbítrio se manifesta nos instrumentos que impedem sua liberdade total. Não compreendi a posição dos pais, o que eles simbolizam, tia? – aliviou-se Marina da dúvida que a incomodava.

– É a representação de nossa consciência. Enquanto crianças, manifesta-se exteriormente através do cuidado deles, mas vai se interiorizando à medida que adquirimos responsabilidades e amadurecemos emocionalmente, assumindo as consequências dos nossos atos. Neste caso singular, é uma apropriação de fora para dentro. Para quem gosta de física, seria uma força centrípeta.

– Se é assim que se processa a evolução do livre-arbítrio, então no Universo não existe nenhum espírito irresponsável, pois que ninguém tem a capacidade de fugir de suas ações. Quando na fase infantil, os pais são responsáveis por nós e, ao crescermos, assumimos nós a responsabilidade. Tá certo? – foi a vez de Josué compartilhar sua dúvida.

Antes que Maria pudesse responder, Giovana emendou outra pergunta:

– Acompanhando esse raciocínio, fico a imaginar: e quando uma falta não é descoberta? Refiro-me aos pensamentos que não se materializam em palavras e nem ações.

– E aqueles que conseguem driblar a justiça terrena e não sofrem pelas suas más ações? – completou Josué a série de indagações levantadas em sequência pela turma.

Sem nenhum tipo de incômodo, e apreciando interiormente a desenvoltura dos questionamentos do grupo, que acompanhava com carinho materno, a orientadora falou calmamente:

– A sabedoria divina se manifesta dentro de cada individualidade e no grupo social ao qual está vinculada. Evoluímos nós, evoluem as sociedades, evolui a Terra. Tudo se transforma e se encadeia na natureza. Como somos espíritos imortais, entramos na vida uma vez e não saímos dela jamais. Caso não assumamos as consequências de nossos maus atos hoje, não tardará a sua reparação. Primeiro, porque ninguém foge da própria consciência; segundo, porque fica registrado no perispírito; terceiro, porque a eternidade nos oferece o tempo necessário para reavaliarmos atitudes, repensarmos posicionamentos e reeducarmos os maus hábitos.

"Quanto ao pensamento, a proposta de estudarmos mais a esse respeito é desafiadora. O pensamento, como força eletromagnética, é a manifestação do poder criador que todos nós carregamos enquanto espíritos. Dominados os pensamentos, a base de nosso progresso está formada e o céu é o limite. Até lá, vamos conquistando intermitentemente o seu domínio, com a convicção de que a vitória é certa. Dessa maneira, Gi – apelido carinhoso por todos compartilhado –, no plano etéreo, o pensamento já é uma realização dos anseios da alma; logo, ninguém foge de si mesmo. Por uma lei da natureza chamada afinidade, a um simples pensamento, você automaticamente se liga, numa corrente magnética e vibracional, a todos aqueles que pulsam no mesmo diapasão, ou seja, seu pensamento ganha força inimaginável. Assim, podemos intensificar os desejos mais ardentes ou ficar presos a tais ideias.

"E, para ser bem específica – dirigiu-se a Josué –, não, não existe ninguém irresponsável no Universo. Carregamos, em nós mesmos, a paz do espírito em harmonia com as leis eternas ou o tormento doloroso da continuidade na ignorância. A escolha pertence a cada um particularmente."

Foi a vez de Arthur colaborar com a conversa, que ia ganhando ares de aula de filosofia com aplicação prática no interior de cada um.

– Chego à conclusão de que, quando adulto, serei completamente livre, sem amarras que impeçam minhas escolhas. Já fico empolgado só de pensar.

– Não é bem assim – ponderou Maria –, em qualquer fase existem limites que vão condicionando as próprias escolhas.

Até mesmo quando adultos, independentes financeiramente e emocionalmente equilibrados, responsáveis pelos próprios atos, não podemos fazer absolutamente tudo o que queremos. O respeito ao semelhante representa a linha divisória que não devemos ultrapassar. Ao rompermos esse limite, ficamos sujeitos à lei de causa e efeito – geralmente machucando corações queridos –, pela qual precisaremos refazer e ajustar tais descaminhos na linha do bem e do respeito, aprendendo que, no Universo, vale a lei da fraternidade. Somos mutuamente corresponsáveis uns pelos outros.

"Outra maneira que nos auxilia no entendimento do livre-arbítrio é compará-lo com um grande rio que, nascido gota a gota desde a sua cabeceira, tem o destino de escoar, contornando diversos obstáculos até encontrar o mar. Para alcançá-lo, é preciso respeitar as margens que delineiam seu caminho, pois elas funcionam como limites impostos pelo livre-arbítrio. Durante esse trajeto, pode sofrer uma enchente, extrapolando os limites de sua margem, ocasionando alterações na várzea que precisará de tempo e paciência para retornar ao seu estado natural. Ninguém foge do seu próprio destino"

– Tia Maria! – falou, admirado, Pedro Henrique. – Aproveitando esse exemplo, não estaria errado entender o livre-arbítrio como as duas margens de uma rodovia. Para chegarmos ao nosso objetivo, precisamos respeitá-la; caso contrário, ao sair da estrada, interrompemos a caminhada, além de estarmos sujeitos a diversos imprevistos, como, por exemplo, um pneu furado. Depois, precisamos retornar à estrada, a fim de continuar a viagem. Está certo?!

– Muito bom. É isso mesmo. Você pegou o espírito da coisa. Espero que todos tenham compreendido também.

Um sopro de satisfação invadiu-a ao perceber que suas palavras esclareciam as dúvidas de seus queridos jovens sobre esse tema, em particular, e sobre diversos outros que afloravam em suas mentes. O ambiente de confiança mútua sustenta o estudo em qualquer situação. Pensar e desenvolver uma pedagogia do afeto, que facilite o desenvolvimento dos vínculos fraternos, é uma necessidade impostergável do século XXI.

Assim, Maria finalizou o entendimento com mais um argumento elucidativo:

– Vejam como a natureza é sempre pródiga nos seus ensinamentos. Devemos observar com mais atenção cada uma de suas manifestações e não esquecer que nós, os seres humanos, fazemos parte integrante dela, dependendo uns dos outros para que a harmonia seja a mantenedora de nossa felicidade. A demora em entender essa dinâmica leva ao retardamento de nossa realização definitiva, porque vivemos sem conhecer as normas que regem o ambiente no qual retiramos o sustento do corpo. E quanto mais ignorarmos, mais propensos aos equívocos nos encontraremos. Inúmeros erros provêm da ignorância das leis Divinas. Jesus já nos recomendou: "conhecereis a verdade e a verdade vos libertará".[1]

Foi nesse momento que Sabrina pediu a palavra para tirar uma dúvida. Embora de poucas palavras, quando falava era simples e direta, franca e sincera na argumentação:

– Tia! Outro dia conversávamos, numa roda de amigos, sobre esse versículo, dado ser repetido no cenário político atual do Brasil, e não chegamos à conclusão sobre qual seria a intenção de Jesus ao proclamá-lo. O que poderia nos esclarecer a esse respeito?

Antes que Maria começasse a responder, a jovem pegou mais um fôlego e foi emendando uma pergunta na outra:

---

1 João 8:32.

– Onde está a verdade? Será na consciência, também, como as leis de Deus? Todos a compreendem de igual maneira? Onde estará a verdade final? Ela existe?

– Muito bem! – começou a orientadora, com a sua tranquilidade que demonstrava tato e sabedoria para lidar com a juventude. – Devagar com o andor, que o santo é de barro, já diz o provérbio popular. Precisamos de método para buscar a melhor compreensão possível que nos permitirá utilizá-la em nossas vidas. Qualquer versículo do evangelho carrega em si a proposta de auxílio ao conhecimento de nós mesmos e à sua utilização prática, na nossa vida diária, hoje! Não ontem e nem amanhã.

"Vamos buscar a narrativa do evangelista João. Alguém poderia pesquisar no celular para verificarmos o seu contexto?

Mais que depressa, Arquimedes tirou o celular do bolso e realizou a busca, esclarecendo:

– Está no capítulo oitavo de João, no seu versículo 32.

Maria, então, sugeriu a leitura desde o início do capítulo para que fosse melhor compreendido. Assim foi feito. O título do capítulo é "Discurso de Jesus sobre sua missão".

Terminada a leitura iniciou-se a explicação da orientadora:

– Meninos, o Mestre fazia um esclarecimento de seu ministério aqui entre os homens. Os fariseus que o acompanhavam rebatiam suas palavras com descrédito, mas Jesus permanecia ensinando, pois sua palavra era a verdade, naquela situação, e sua vida testemunhava, através de seus feitos, a realidade dos argumentos apresentados. Para aqueles que n'Ele criam, Ele disse: "Se vós permanecerdes na minha palavra, verdadeiramente sois meus discípulos; e conhecereis a verdade, e a verdade vos libertará". O questionamento foi imediato, da parte dos fariseus: se eles não eram escravos, por que Jesus dizia que poderiam ser livres?! O Mestre, então, arremata: "Aquele que comete pecado é escravo do pecado".[2]

– Agora que ficou complicado de vez – reclamou Sabrina. – O pouco que eu achava que sabia, foi por água abaixo. E esse tal de pecado!? O que vem a ser isso, meu Senhor?! – todos riram de sua colocação. Maria continuou a explicação:

– O pecado é um conceito que deriva do catolicismo apostólico romano e eu também não tenho conhecimento pleno desse conceito. No espiritismo, ele é tratado como um desvio do caminho planejado, um equívoco perante as leis que regem a vida. Seria uma infração de trânsito, para lembrar o conceito que o Pedro Henrique nos trouxe. Ele pode acontecer por diversas razões, como imprudência, negligência, ignorância ou mesmo por maldade. Entretanto, quaisquer aspectos que geram as suas causas, o importante é pagar a multa de trânsito e seguir viagem. Explicando melhor: reajustar a consciência frente à lei num processo reeducativo e acumular experiências que nos auxiliem a lidar com as dificuldades da vida, sem nos comprometermos com o mal.

"Dessa maneira, ser escravo do pecado significa estar (ainda que temporariamente) sob o domínio do erro. E nessa condição, ficamos cerceados em nosso livre-arbítrio até que os ajustes sejam feitos e a vontade de crescer e melhorar se incorpore nos nossos atos cotidianos. Desde que estamos num mundo classificado pedagogicamente por Kardec como de provas e expiações, concluímos que todos, indistintamente, possuímos sombras no recôndito da alma necessitando da luz da verdade para serem dissipadas.

"Jesus afirmou ser a luz do mundo. Seguindo os seus conselhos, temos tudo o de que precisamos para alcançar nosso objetivo, a saber: evoluir, despertando a consciência de que somos

2 João 8:34.

deuses e possuímos a capacidade de tudo realizar, na medida de nosso esforço e perseverança."

– E as perguntas da Sabrina, tia?! Estou super curioso para ouvir as respostas – desta vez quem interveio foi Arthur, ligado que estava ao desenrolar do assunto.

– É justamente o versículo sobre a verdade que explica todas as perguntas, senão pensemos: dado que Jesus falou a todos que o ouviam, conhecereis a verdade, e ela vos libertará, Ele universaliza a capacidade de entendimento, ou seja, todas as pessoas estão devidamente capacitadas para entendê-la, porque sua compreensão depende da visão que cada uma possui.

"Assim, não existe ninguém com a verdade absoluta, senão a divindade! No mundo em que vivemos, ela se relativiza a cada acontecimento e emoções envolvidas. Torna-se de suma importância o respeito e o entendimento mútuo para a equalização dos conflitos que venham existir. Está tudo certo! O espírito encarnado desenvolve os seus atributos e as suas experiências sob a luz da verdade que ele é capaz de assimilar. Ninguém é constrangido a fazer além dos seus limites, muitas vezes somos nós mesmos que nos impomos pesos extras."

– Então tia, numa discussão, a verdade vai estar com aquele que procurar compreender a razão do outro? Parece contraditório – falou Arquimedes.

– É isso mesmo. A contradição existe porque lidamos com pontos de vista diferentes: um, apegado às linhas da materialidade, quererá vencer e convencer a qualquer custo, enquanto o outro, vinculado à visão de espiritualidade, procurará compreender os motivos que levaram seu contendor a tal posicionamento. E, acima de ambos, a verdade absoluta da divindade.

"Aprofundando um pouco o entendimento, percebemos que estar com a verdade é dizer ao outro que ele está equivocado. Comumente excluímos aqueles que divergem de nossos entendimentos e isso é uma atitude que impede a verdadeira comunhão. Devemos caminhar para a união, fugindo dos conceitos dualistas[3] que nos escravizam a patamares restritos de entendimento.

"Cabe a lembrança, sempre esclarecedora, da entrevista de Pilatos com Jesus, ao lhe indagar: 'o que é a verdade'?[4] E o Mestre inolvidável fez silêncio. O silêncio, em inúmeras situações, fala mais do que muitas palavras, pois permite ao outro a oportunidade da reflexão.

"Aproveitando o ensejo, façamos silêncio interior para que a prece seja o instante de agradecimento por tudo que experimentamos nesta noite, iluminando nossas consciências e nos oferecendo, durante a semana, as oportunidades que nos farão pessoas melhores a cada dia."

E assim foi feito.

Encerrada a reunião, todos se despediram fraternalmente com as energias revigoradas e um sem número de inquietações para serem digeridas e acalmadas pelo tempo. Como não podia deixar de ser, a cabeça de Arthur parecia uma verdadeira máquina de criar pensamentos e questionamentos sobre os conceitos discutidos, parecendo aqueles panos amarrados uns aos outros que o mágico tira de sua cartola, e tira, e tira, e não mais acaba.... Quando acalmava sua mente, temporariamente, restavam os ecos dos argumentos sem fim, insistentes como uma criança que deseja alguma coisa.

---

3 Característica do que é dual ou duplo; no âmbito da filosofia e da teologia, conhece-se como dualismo a doutrina que postula a existência de dois princípios supremos independentes, antagónicos e irredutíveis

4 João 18:38.

2
CAMINHANDO

Finalizada mais uma reunião na mocidade, Arthur se despediu de seus amigos e de Maria, sua referência em espiritismo, e partiu rumo à sua casa. Como sempre, os temas discutidos na mocidade repercutiam em sua cabeça, bem mais do que desejava. Melhor seria se aceitasse tudo o que foi dito sem precisar questionar o porquê e o para quê de todos os assuntos. Seria bem mais simples, contudo, ele não mandava em seus pensamentos e estes fluíam como enxurrada desenfreada em dia de chuva torrencial. Tornavam-se incômodos a ponto de perder a noção do tempo e do espaço. Viajava em companhia dos diversos comentários de seus amigos, bem como de uma voz que parecia soprar dentro de sua cabeça.

Distraidamente, a cada passo, uma nova abordagem se apresentava de maneira incômoda. Os argumentos brotavam de sua mente e Arthur seguia falando consigo mesmo:

– Por que será que pensar cansa tanto e, às vezes, até dói? Uma dor seca lá no fundo do peito! Ou seria na própria alma?! Queria não ser assim tão questionador – indagava-se intimamente –, não estaria abrindo mão de oportunidades para descobertas de novas aventuras? O esforço não valeria a pena pelo fato de se livrar das conversas desagradáveis de muitos de seus amigos na escola e no condomínio? Afinal de contas, pensar e duvidar de quase tudo não paga imposto e nem preciso me justificar para ninguém, pois todos ignoram o que eu penso. Não é mesmo, Arthur?! – insistia consigo mesmo, pois pelo menos ele deveria crer em seus próprios argumentos, senão o caos estaria instalado!

Mas é sabido que o caos é a base de teorias a respeito da própria vida. Então, não seria tão ruim assim pensar, sentir e até viver no caos, ainda que fosse em pensamento. A aparente desordem esconde, em si, uma harmonia que é possível descobrir e vivenciar.

Um tropeço num pequeno buraco na rua e quase vai ao chão, mas continua conversando consigo intensamente:

– Bem que poderia, ao cair, livrar-me de todos esses pensamentos, acho que a cabeça anda precisando de um descanso – e foi-se rindo de si mesmo. – Dizem por aí que a pessoa que fala sozinha é louca. E a que pensa sozinha, a ponto de desbaratar-se em si mesma? Para a sociedade, eu não seria considerado um louco pacífico? Será que outras pessoas pensam tanto assim? Será que existem outros iguais a mim, que queimam neurônios de tanto pensar, e não chegam a lugar nenhum? Estaria gastando energias desnecessariamente?

Como um novelo de linha, cada pensamento puxava outro e em direções bem diversas, embora tivessem o mesmo fio condutor. Ah! Um frio na espinha correu-lhe ao imaginar que tudo não passaria de uma obsessão. A adrenalina descarregou um jato em seu coração, que sentiu pulsar no pescoço. Os pensamentos mudaram de rumo.

– Más companhias espirituais geram más condutas, más condutas geram maus hábitos, maus hábitos são indícios de que uma pessoa está obsedada – parou por um instante e o coração bateu-lhe no pescoço. – Meu Deus!!! Estou obsedado!!! E agora?! Precisarei entrar num processo de desobsessão lá no centro espírita, o que me tornará mais esquisito ainda – raciocinava, já à beira do desespero.

O receio de se sentir excluído por ser diferente consumia-lhe as energias, fazendo-o ofegar, descompassando o fluxo natural da respiração em seu corpo. O peito arfava, como da primeira vez que seu olhar cruzou com o seu amor. Quem nunca sentiu a vista escurecer, a adrenalina disparar o coração, um arrepio percorrer todo o corpo, quando você vira a esquina e dá de cara com ele? Ah, o primeiro amor faz derreter a convicção dos mais incrédulos. Ou seria a paixão?!

Ao remoer essa versão sobre a obsessão, que acabara de idealizar, correu em disparada transbordando de emoções, para ver se arejava um pouco a cabeça. Entretanto, logo percebeu que jamais conseguiria fugir de si mesmo. Então, seria melhor encarar a possibilidade imaginada de influenciação de um espírito mau, do que tentar fugir e aumentar seu desconforto.

Lembrou-se de que um dia, ao correr de um cachorro de rua, após longo trecho em disparada, sentiu-se cansado e, com o peito ofegante, parou. Olhou fixamente o cão bravo que mais parecia um leão, visto seu medo aumentar a sensação de ferocidade do animal. Ao fitá-lo, o cachorro fraquejou em sua tentativa de mordê-lo, parando de latir e até mesmo de correr. O cão bravio, até um momento atrás, ficou desconfiado, parecendo mesmo um dócil cachorrinho. Essa foi a sensação que percorreu o seu entendimento. Aprendeu que quando se encara a sombra do temor, essa recolhe-se como qualquer sombra que tem o desagradável encontro com a luz.

– Quem sabe isso não aconteceria com o espírito obsessor? Mas onde ele está? Será dentro de minha cabeça? Aprendi que espírito não ocupa espaço no mundo tridimensional em que vivemos. Hum... entrei numa encruzilhada. E agora?!

Ao chegar à sua casa, cumprimentou os pais e o irmão, indo direto para o quarto. Jogou-se gostosamente em sua cama, respirou fundo, deu uma espreguiçada manhosa e deixou-se ficar em silêncio. Embora refestelado e relaxado, não conseguiu acalmar sua mente atribulada. Por mais que buscasse a tranquilidade necessária para o descanso, ainda refletia:

– Como é bom o silêncio da própria mente. Revigora as energias, da mesma maneira que traz à tona pensamentos guardados lá no fundo da consciência... ou será do inconsciente? Um dia acabo estudando esses conceitos para não me enrolar e... quem sabe?! Quem sabe me ajudar no autoconhecimento!?

"Já estou chegando à idade de decidir o meu futuro. O que será de mim? Quais as profissões com que mais simpatizo? O que eu quero ser? Buscar a riqueza ou trabalhar por um ideal? Ter dinheiro para comprar e ir aonde eu quiser ou abrir mão do querer em função de ajudar ao semelhante? Mas seriam conflitantes esses dois propósitos? Poderia conciliá-los? Quem poderá me ajudar?"

E o tão aprazível silêncio abandonou-o de vez. Outros pensamentos afogaram-lhe como se sua cama fosse um bote perdido num oceano infinito de possiblidades e o vento o jogasse de um lado para o outro, e, entre suas rajadas, o sol lhe castigasse a face, fazendo-a ruborizar diante de tão aflitivas e inesperadas chances de encontrar um porto seguro.

– Viver seria tão difícil assim? Sempre tenho que tomar decisões? Não posso adquirir as respostas como minha mãe, fazendo compras no supermercado?! Seria tão melhor, bastaria escolher o que mais agradasse. Por outro lado, os pensamentos não são prateleiras de supermercado. Eles oferecem alternativas, as mais diversas, esperando somente o nosso ato voluntário de escolher e experimentar. Será assim mesmo?

Permanecia em suas perquirições, exercício mental que fazia movimentar todos os seus neurônios, não lhes dando uma trégua sequer.

– Será que estou danificando minha mente ou sobrecarregando meu psiquismo? Alguns pensamentos, para ser sincero, não valem a pena serem compartilhados com ninguém. Contudo, existe um punhado deles para os quais desejo ardentemente conseguir pelo menos uma conclusão que me acalme o desejo de tudo saber. Poderiam ser apenas uns esclarecimentos calmantes, como o Rivotril[5] da vovó! – riu-se de sua comparação.

"Não tenho a responsabilidade de tudo saber, nem resolver. 'Cada um segundo as suas obras'[6] – lembrou-se imediatamente dessa frase de Jesus –, basta-me a mim, por ora, os meus próprios problemas. Dando conta deles, já estarei contribuindo, ainda que de forma simples, para a harmonia de minha casa. Já conversamos sobre isso na mocidade, uma pergunta de *O livro dos espíritos*, não me lembro qual delas. Será necessário saber todas?! Melhor que seja negativa a resposta, pois estudar, assim como pensar, cansa, exigindo atenção e boa vontade, perseverança e disciplina para alcançar os objetivos que ela propõe: aprender para melhorar! E eu sou tão novo para ter lido e apreendido todo esse livro! Só é espírita aquele que já o leu? Existirá espírita praticante e não-praticante? Quem decide isso?

---

5 É o nome comercial do clonazepam pertence a uma classe farmacológica conhecida como benzodiazepinas, que possuem como principais propriedades inibição leve das funções do sistema nervoso central permitindo assim uma ação anticonvulsivante, alguma sedação, relaxamento muscular e efeito tranquilizante

6 Mateus 16:27.

"Na primeira chance, perguntarei lá na mocidade. – e esfregou as mãos, contente com sua ideia. – Os estudos da mocidade são sempre a oportunidade de tirar dúvidas e esclarecer questões atuais sobre temas diversos. Um ambiente gostoso onde qualquer debate pode ser levantado, ainda que pareça bisonho no primeiro momento. Não há preconceitos com os assuntos e quando não chegamos a um denominador comum, nossos evangelizadores pesquisam durante a semana para nos trazerem mais esclarecimentos na próxima reunião. Ah! Eu me sinto tão bem junto aos amigos da mocidade! Será que todos os centros também possuem uma mocidade tão alegre e descontraída como a nossa? Tomara que sim."

Ligou a TV despretensiosamente, pois os programas, em geral, são muito chatos. Uma reportagem, no entanto, chamou-lhe a atenção. Descrevia o índice de violência desproporcional, além de feroz e covarde, de homens sobre mulheres. A notícia falava em feminicídio e a igualdade de gênero no Brasil. Tocou-lhe as sutilezas da alma, levando-o a um sentimento triste, amolecendo o seu ânimo, dantes agitado e inquieto. Não conseguiu aperceber-se desse estado que o envolveu com forças estranhas. Chegou a derramar uma lágrima, visto qualquer tipo de violência sempre o levar a esse estado de espírito.

– Por que tanta violência, se há possibilidades enormes para todos se realizarem plenamente?! – perguntou mentalmente. Nesse momento, o seu raciocínio, sempre vivaz e questionador, deu lugar ao estado de pura emoção. A melancolia fez companhia a ele e um sono o levou para outras dimensões. Aquele sono gostoso, após as tarefas cumpridas. O corpo amoleceu e ele se entregou.

O tempo passou velozmente e, então, constatou que a noite avançava, convidando-o a se mexer. Despertou, ainda sonolento, mas disposto a resolver os seus enigmas. Falou para consigo mesmo:

– Decidi que não mais acumularei perguntas sem fim na minha cabeça. De tempo em tempo, eis que não me permitirei pensar em outra coisa, até que chegue a alguma conclusão. E se essa conclusão não for o bastante para liquidar todas as parcelas do que desejo saber, colocarei em *stand-by* até que novas alternativas se apresentem para solucioná-las. Está decido, e não aceito contra argumentação – falou, resoluta e firmemente, como a certificar que a decisão tomada valeria como desafio diante de si mesmo.

– Por onde começar? Eis a dúvida. E se me perder no emaranhado dos meus próprios pensamentos, andando em círculos sem fechar nenhum raciocínio? Devo estabelecer um método científico, ainda que simples, para auxiliar-me nas etapas necessárias, a fim de controlar os meus pensamentos e chegar a algum lugar, embora não saiba, exatamente, aonde estou querendo ir. Quero ir a algum lugar? Deveria saber aonde, para melhor escolher o caminho a seguir!? Se soubesse por onde ir, já seria um grande avanço, já que me encontro perdido com tantas interrogações.

"Mergulhar naquilo que ainda não sei, mas sinto que será uma experiência proveitosa e especial, tal qual um pulo no escuro, ainda que seja do pensamento, deixando as asas do saber intuitivo e imaginativo dominar-me, viajando além dos limites impostos pela mente. Creio qu, talvez, seja mais arriscado do que nas aventuras. Não me lembro de nenhum amigo que tenha se embrenhado em tão audacioso desafio!"

E foi após essa decisão que Arthur rememorou uma aula da mocidade na qual estudaram que o espiritismo é uma doutrina que trata da origem e natureza dos espíritos e de suas relações com o mundo material. Allan Kardec, o seu codificador, realizou inúmeras reuniões com os desencarnados que se manifestavam na mesa mediúnica: primeiramente, através das mesas girantes; depois, do lápis amarrado à cesta; e, finalmente, com o médium segurando o lápis com as mãos. Fez isso para estudar a fundo os princípios estabelecidos nas cinco obras básicas, a partir de 18 de abril de 1857, data da publicação de *O livro dos espíritos*, dando início à Doutrina dos Espíritos. Animado com o raciocínio, arrematou:

– Está aí um método apreciável e já testado para servir-me de modelo e guia. Mas eu não sou um missionário para tirar as minhas dúvidas com os espíritos, nem tão pouco elas irão ser de interesse de toda a humanidade. Entretanto, o que me proponho é apenas arrumar um método para ajudar em minhas inquirições.

"Entendi, frequentando a mocidade e segundo o aprendizado aqui mesmo em casa, na hora do culto no lar, que todos nós somos espíritos imortais, tivemos o mesmo início e estamos destinados à mesma fatalidade, sermos perfeitos. Existem aqueles que vivem fora do mundo material e nós que estamos imersos na carne. A diferença consiste na maior liberdade que eles possuem por estarem numa vibração mais sutil, enquanto na matéria ficamos obscurecidos em nossas percepções. Em comum, somos seres humanos com os mesmos propósitos e vivemos de acordo com as nossas escolhas. Eles, os espíritos fora da carne, não se tornam superiores e mais inteligentes apenas pelo fato de estarem desencarnados.

"Os espíritos estão por toda a parte e com certeza alguns deles me acompanham durante minhas reflexões, ou seja, viagens no éter pilotadas pela minha mente em volteios radicais nas ondas que a imaginação dispõe. Para muitos, apenas delírio."

"Agora me pergunto: e se me concentrasse, deliberadamente, com um foco específico, rogando ao meu anjo guardião para me auxiliar na resolução desses meus pensamentos?! O que aconteceria?! Vou tentar, pois o respeito e a devoção sempre fizeram parte de minhas atividades e, mais firmemente, a partir de hoje, serão imprescindíveis ao sucesso dessa empreitada."

Arthur assentou-se comodamente na cama e, fechando os olhos, fez uma pequena prece singela, mas cheia de emoção.

3
ANJO GUARDIÃO OU MENTOR?

Vários minutos passaram até que Arthur percebeu que nada havia acontecido, nem um arrepio, nem o coração acelerado e, muito menos, o leve esfriamento de suas mãos. Todas são características da manifestação mediúnica. Chegou à conclusão de que, definitivamente, não era médium. Disse, então, em voz alta:

– Essas coisas de mediunidade não são comigo, não. Vou me refugiar nos meus pensamentos, que são só meus, pois desse jeito vou vivendo bem...

Concentrado agora em resolver, por si mesmo, os próprios enigmas, eis que ouviu dentro de sua cabeça:

– Olá, gostaria de trocar umas ideias com você a respeito do que vem angustiando seu coração, em relação aos questionamentos inumeráveis e, principalmente, sobre a comunicação dos encarnados com os espíritos desencarnados. Embora muito se diga a respeito, as pessoas não se tornam mestras em nenhum assunto por apenas ouvir dizer. Todo conhecimento é fruto do estudo, da pesquisa e, sobretudo, do amadurecimento que só o tempo pode oferecer.

"O que estamos fazendo agora é uma relação mediúnica, simples e inata como qualquer processo da natureza, a única diferença é que sempre foi tratada com muito misticismo. A doutrina espírita veio para torná-la transparente e sem os mistérios com os quais sempre esteve envolvida. Você, por exemplo, ouve-me porque teve a predisposição sincera de entender o que acontece com os seus pensamentos, uma vez que tratou sem nenhum preconceito, porque àquele que busca sempre será ofertado – como ensinou Jesus.[7] As pessoas querem saber de tudo, fazem inúmeras perguntas, mas não estão dispostas a proceder da melhor maneira para ouvirem as respostas. Desejam o sobrenatural, enquanto a mediunidade é corriqueira; desejam o espetacular, embora a mediunidade seja silenciosa; desejam tudo dos espíritos, mas não estão dispostas a oferecer muitas coisas, como disciplina, esforço e perseverança, além dos princípios básicos que regem uma boa comunicação. Estarei à sua disposição por um tempo para que possas perguntar o que quiser."

Arthur tomou um pequeno susto, muito rápido, fugaz como um sopro no coração – quem já teve entenderá –, que foi passando à medida que as palavras iam surgindo em sua cabeça. Sentiu um bem-estar danado, sem maiores alterações no seu modo de ser. Sentado estava, sentado permaneceu, ouvindo atentamente o discorrer daquela voz, suave e doce, que o envolvia devagarinho com energias refazedoras e benfazejas. Parecia mesmo um sonho, mas tinha a plena certeza de que estava acordado e muito bem acordado. Chegou mesmo a olhar o relógio para ver se o ponteiro dos minutos estava correndo, num tempo que parecia não passar. A atmosfera de satisfação era tão intensa, que ele torcia, dentro de si, para que assim permanecesse para sempre.

---

7 Referência às palavras de Jesus descritas por Mateus no capítulo 7, versículo 7.

Chegou mesmo a se dar um beliscão, daqueles doídos, que somente uma mãe sabe dar, com o objetivo de ratificar a sua plena consciência do que estava acontecendo.

Paralelamente à voz que saía de dentro, pensava outras coisas, como se estivessem duas vozes, ao mesmo tempo, falando num mesmo espaço, à semelhança de quando se divide uma tela no computador e lemos dois textos, um ao lado do outro.

Arthur, pleno, consciente e dono de si, ao lado daquela voz maviosa, clara e envolvente. O interessante é que não se confundiam e, ao mesmo tempo, entendia e processava ambos os discursos. Mais uma provocação para analisar, questionar e estudar. A vida, em toda a sua plenitude, tem caminhos que ainda desconhecemos, aguardando nossa boa vontade e esforço no empenho de aprender. Fosse noutros tempos, já teria gritado e corrido ao encontro do colo materno para afogar-se em seu carinho e receber o conforto necessário às suas impressões.

Voltando a si de maneira tranquila, fez um primeiro questionamento:

– Quem é você? Um espírito ou um reflexo de algo que ainda desconheço?! Qual o seu nome?

De forma carinhosa, a voz se fez presente, esclarecendo:

– Eu sou um amigo, que você conheceu em outros tempos, mas de quem não se lembra neste momento. Fomos companheiros e desfrutamos muitas alegrias e tristezas em outras encarnações. Atualmente, permaneço aqui no plano espiritual e, atraído pelo seu magnetismo, apresento-me para, juntos, debatermos algumas proposições. Não sei tudo por ser espírito desencarnado, não sou detentor de todos os mistérios da natureza, mas trago uma visão um pouco mais dilatada, visto a carne não tolher muitas de minhas possibilidades, assim como acontece contigo.

– Você é meu mentor ou anjo da guarda?

A resposta não tardou em aparecer no seu íntimo:

– Nem uma coisa, nem outra. Sou apenas um amigo disposto a te auxiliar em algumas questões importantes para o seu crescimento. Muita fantasia existe a esse respeito. Devemos respeitar todas as interpretações e a forma de vivenciar cada mediunidade, contudo, sou da opinião de que todos nós somos mestres e aprendizes ao mesmo tempo. Explico-me. Os orientais, antigos moradores das plagas asiáticas, portadores de conhecimentos além de nossa compreensão ocidental, têm o costume de passar os ensinamentos – essencialmente os espirituais – na forma de colóquios íntimos entre mestres e discípulos. Já aqui, pelas nossas bandas ocidentais, a ciência proclama métodos diferentes daqueles, mas que também guardam profundo respeito à importância do aprendizado empírico,[8] além de entender o conhecimento humano como um acumulado que não desfaz do anterior, mas o aprimora para melhor ser compreendido.

"Assim, a mediunidade prescinde de um mestre desencarnado para ditar todas as suas atitudes, tomando conta de seus afazeres, como se fosse criança, e tomando-lhe satisfações de atitudes não autorizadas. Somos espíritos livres, por definição da própria Divindade que nos creou,[9] e ninguém que respeite as Leis Divinas há que interferir nesse quesito. Para melhor esclarecer, vou te contar uma passagem sobre uma figura angelical que esteve na Terra nos idos da Idade Média, corporificado nas vestes de um italiano, passando à posteridade como Francisco da cidade de Assis. Você conhece a sua história?"

---

8 Doutrina filosófica que afirma ser, o conhecimento, resultado da experiência, restringindo-se ao que pode ser apreendido através dos sentidos ou da introspecção, opondo-se ao racionalismo e à metafísica.

9 O teólogo e professor Huberto Rohden nos ensina que *crear* é a manifestação da Essência em forma de existência, enquanto *criar* é a transição de uma existência para outra existência. O Poder Infinito é o *creador* do universo – um fazendeiro é um *criador* de gado.

– Já ouvi alguns relatos a seu respeito, um moço italiano que deixou toda a usa riqueza para seguir uma vida de pobreza. Existem alguns centros espíritas que guardam o seu nome. Também sei que é considerado santo pelos católicos, além de ser o patrono da causa dos animais. É tudo o que sei – resumiu, assim, o conhecimento que adquirira sobre Francisco.

– Pois é uma biografia que vale a pena ser lida e estudada. Eu guardo uma deferência particular e especial a esse espírito e relato, aqui, uma passagem acontecida numa empreitada de que fazia parte, cujo objetivo era guerrear em nome do Papa contra as forças do imperador.

"Todos os jovens da cidade de Assis se envolveram nessa missão de guerra, no Reino da Sicília. Francisco, com apenas vinte e cinco anos de idade, cheio de fantasias e desejos juvenis, ao lado de seus amigos mais queridos, companheiros que partilhavam com ele as peripécias de sua época pelas noites e ruas da pequena cidade de Assis, muniu-se de todos os artefatos necessários de um guerreiro, a fim de conquistar um brasão para sua família. Rico ele já era desde o nascimento; seu pai, Pedro Bernardone, possuía um comércio que revendia tecidos franceses aos nobres da cidade. Todavia, sua família não era detentora de um brasão, ou seja, não eram considerados nobres, apenas afortunados financeiramente, gozando dos prazeres que o dinheiro podia proporcionar. Esse constituía um dos sonhos do jovem Francisco: adquirir, pela hombridade e destemor de uma guerra, o direito de ser considerado um nobre, por meio da conquista de um título, e isso se dava, dentre outras formas, pela participação em uma guerra, como cavaleiro destemido.

"Em cima de um cavalo bem tratado, Francisco estava pomposo, vestido com sua armadura, empunhando uma espada bela e moldada especialmente para o seu uso, um escudo devidamente ajustado e um elmo garboso em sua cabeça; considerava-

-se a figura mais feliz de toda Assis. A cidade estava em êxtase pela coragem de seus jovens habitantes defenderem firmemente a bandeira em prol do Papa Inocêncio III. Sentiam que a vitória era questão de tempo, bastando a presença da tropa chefiada pelo capitão normando Walter de Brienne surgir no campo de batalha e a guerra estaria vencida. Desta forma, todos voltariam para casa gozando de saúde e uma alegria infinda pela conquista efetivada.

"Contudo, nos planos da espiritualidade os caminhos não seriam tão fáceis assim, e o provérbio popular já asseverava: 'o homem põe e Deus dispõe'. Entre o efetivamente planejado e sua execução, existe um grande espaço, precipuamente daqueles do qual sobressai a natureza primitiva humana e seu egoísmo exacerbado, guerreando para conquistar posses e bens materiais, que serão devolvidos assim que a morte bater à porta, período esse que proporciona uma quantidade imensa de surpresas aos corações afobados e ansiosos pelas conquistas. Com Francisco não foi diferente. Querer é bem diferente de possuir. A certeza necessita de vigor e perseverança para ser alcançada.

"Acompanha meu raciocínio?"

A concentração de Arthur era tão grande que parecia ter voltado à realidade, após um torpor. Não querendo perder o rumo da história cativante, meneou a cabeça afirmativamente e continuou em silêncio, para que a voz prosseguisse sua narrativa. Por dentro de si, vibrava como uma criança ao ganhar um brinquedo e pensava:

– Continue... continue... estou entendendo tudo e super curioso sobre a história de Francisco. Tenho a sensação de que me afinizarei bastante com as suas peripécias.

– Então, avancemos. Apeados na cidade de Espoleto, no final do vale que carrega o seu nome, Francisco deitou-se no meio dos companheiros para repousar, pois seriam necessárias todas as energias, indispensáveis ao bom empreendimento na batalha do dia seguinte. Guardava em si o sonho infantil de aquisições pueris, sonhos acalentados com muito carinho e que agora transformaria em realidade. Ah! Como é diferente o que queremos e o que devemos fazer! O que é certo e justo e o que nosso egoísmo e orgulho realmente fazem acumulando equívocos durante uma vida inteira, aqui na Terra, e atrasando nossa evolução.

"Necessitamos dos sonhos, esses nos encantam e nos motivam intensamente, mas devemos ponderar sobre as possibilidades de sua efetivação sem, contudo, infligirmos leis sagradas de respeito ao nosso semelhante. Querer, saber e amar, ou seja, vontade firme, estudo constante e respeito ao semelhante. Conter agora, para sorrir depois, em vez de gozar agora e sofrer depois.

"Foi nessa noite, em especial, que Francisco **ouviu uma voz** que lhe perguntou:

"– Francisco, onde vais?

"– Para a Apúlia, lutar pelo Papa.

"– Dize, quem te pode recompensar melhor, o Senhor ou o servo?

"– O Senhor, é claro.

"– Então, por que segues o servo, e não o Senhor?

"– Que tenho que fazer?

"– Volta para casa que tudo vai ser esclarecido.

"A partir daquela data, Francisco sempre, em toda a sua vida, esteve envolto por essa voz que, naturalmente, falava-lhe ao coração, ajudando-o a discernir quais os melhores caminhos para a sua vida, nunca, entretanto, impondo-lhe o que fazer. Eram decisões difíceis como as suas, Arthur, pois nossas dificuldades sempre serão maiores que as dos nossos semelhantes. A dor mais próxima sempre é a nossa. A gente aprende com a dor para entender como se manifesta nos outros. Francisco não precisou falar para aqueles que estavam ao seu redor, com certeza não entenderiam. Até hoje, em pleno século XXI, muitas pessoas desconhecem o fenômeno mediúnico ao qual todos nós estamos vinculados, consciente ou inconscientemente. Bom é aprender e estudar para melhor saber lidar. Kardec deixou claro, em *O livro dos médiuns*, que todos os seres humanos possuem a mediunidade em um determinado grau."

– Poxa! Estou impressionado – falou o jovem inquieto, recostado em sua cama. – Alguma coisa em especial poderia nos ensinar esta virada em suas expectativas?

– Sim. Sempre podemos e devemos aprender com a história alheia, porquanto trazem lições que nos auxiliam a viver melhor. Perceba que o convite feito a Francisco para que voltasse à sua casa está cheio de simbolismo. A nossa casa é o nosso refúgio, local íntimo e restrito, no qual alicerçamos todas as nossas atividades. Ambiente em que as nossas emoções são estabelecidas e, depois, automaticamente se manifestam através das palavras e atitudes. Em contato permanente com a nossa casa mental, conseguimos forças para empreender a grande jornada terrena, acima das dificuldades. Quando estivermos em apuros, será o local em que buscaremos apoio e consolo. Estando bem alicerçada, sobre a rocha da fé e da coragem, do estudo e da determinação, nenhum vento de dificuldade terá a capacidade de balançar suas estruturas. Firme como a rocha, estaremos prontos para elevar o edifício de nossas ações rumo ao infinito céu que nos aguarda as providências.

"Em vez de fugirmos de nossas decepções e angústias, correndo atrás de aventuras e anseios puramente materiais e passageiros, que servem de anestesia aos problemas, criemos o conforto necessário dentro de nossa casa mental, e a saída em busca daquilo que justifica nossas pretensões será cada vez menos necessária."

– Você falou duas vezes da casa mental, entendo o seu argumento. Contudo, onde fica a emoção? Aprendi que também ela está na base das experiências da vida. O que você me diz? – interpôs Arthur.

– Sim, é verdade. Ao analisarmos mais detidamente a razão e a emoção, em outras palavras, a casa mental e o coração, é possível perceber que as duas são importantes em nossa vida e que estão profundamente ligadas à verdadeira causa, que é a nossa vontade. São manifestações diferentes de um mesmo princípio. Dividimos de maneira a melhor entender suas expressões; contudo, são partes integrantes de um mesmo processo: a vida.

"Fazendo uma comparação com o arco-íris e a divisão de suas cores, não identificamos onde, precisamente, começa uma e termina a outra. Isso se dá perfeitamente com a razão e a emoção, entre sentir e pensar, pois pensamos sentindo e sentimos pensando, elas são inseparáveis.

– Agora ficou mais claro para mim, embora ainda continue com dúvidas.

– Lembre-se de que eu disse não saber tudo. Estamos em processo contínuo e interminável de compreender cada vez mais em padrões elevados. A cada nova experiência se nos renovam conceitos anteriores. Com a mente sempre aberta, estaremos em constante aprendizado. Jamais perca de vista esse processo.

– Observando por esse ponto de vista, você tem toda razão. Preciso controlar minha ansiedade e focar nos ensinamentos que me são oferecidos aqui e agora, na minha vida. – arrefeceu o ânimo do jovem, que tinha dificuldades em não ver atendidas as suas ânsias de saber.

Deixando de lado seu capricho, continuou indagando sobre Francisco, o que seu amigo esclareceu:

– Além do diálogo espiritual que te contei, inúmeros outros fenômenos mediúnicos e anímicos[10] se apresentaram durante a vida do jovem de Assis, aqui na Terra. Não faltará oportunidade para compartilhar contigo as suas experiências e como elas influenciaram tantas pessoas, em sua época e durante toda a história da humanidade.

"Alguns eventos mediúnicos que se manifestaram em sua presença, até os dias de hoje, são interpretados à conta de milagres. Você já estudou, na mocidade, que esses representam apenas o desconhecimento dos homens e da ciência frente às leis que regem o Universo. São episódios naturais aos quais todos temos acesso, necessitando somente do estudo e desenvolvimento de nossas capacidades internas."

"Ele buscou seguir uma vida de humildade e entrega a Jesus, em contato com a natureza e todos os seus habitantes. Sempre foi alegre, emanando uma simpatia contagiante. Por um tempo, eleito rei dos jovens de Assis, desfrutava os folguedos de seu tempo como uma pessoa comum. Tinha lá as suas peculiaridades, chegando a distribuir aos pobres da cidade várias peças de pano da loja de seu pai, onde trabalhava, sem a sua autorização.

"Embora sua personalidade vivaz e alegre, os dias de sua juventude estiveram cercados por guerras, miséria e choques entre os diversos grupos sociais de Assis. Após sua renúncia completa aos bens materiais, ao convívio com a família e os amigos, saiu pelo mundo sem saber ao certo o que queria. Desejava ardentemente seguir os passos de Jesus, confiando o seu futuro às mãos

---

10 Dizem respeito às potencialidades da própria alma, distinguindo-se daquelas provenientes da interferência dos espíritos desencarnados, às quais chamamos de mediunidade.

de Deus. Chegou a dizer: 'já não chamo pai a Pedro Bernardone, mas Àquele que está nos céus'.

"Julgado impiedosamente pela comunidade assisiense, foi taxado de louco por muitos, de revolucionário por outros, de fanático por tantos; entretanto, para Jesus, representou um discípulo fiel que conseguiu colocar em prática a sua doutrina de paz e luz para a humanidade. Relembrou o amor genuíno do Mestre no interior do Vaticano, perante o Papa. Cativante com sua doçura e transparência no olhar, trazia na alma e em suas atitudes a fraternidade capaz de derreter corações endurecidos e despertar, em muitas consciências, a vontade lúcida e clara de ser grato à vida por tudo que ela oferece. Viver o hoje, apropriando-se do ontem e vislumbrando o amanhã. Simplicidade acima de tudo. Pobreza como porta aberta para o reconhecimento de nossa pequenez diante do Universo. Assim era Francisco. É como eu sinto.

"Despedindo-me por hoje, deposito em seu coração o conselho para que incorpore, em seu roteiro diário, o silêncio. Ele é amigo e companheiro, estará contigo inspirando-te na busca da melhor solução de seus conflitos. Ouça-lhe os apelos e não te arrependerás. Começe com alguns minutos e, com o passar do tempo, já não conseguirá se distanciar de sua presença. É um investimento que vale a pena tentar e exercitar, pois o retorno de bênçãos e paz é garantido.

"Recorde-se, Arthur, de que temos, nas entranhas da própria alma, todo o conhecimento necessário para desfrutarmos de uma vida bem vivida. Podemos e devemos consultar esse repouso admirável e tranquilo que Jesus denominou de Reino de Deus, dentro do nosso coração. Parece invisível, mas não é. Difícil a sua conquista, mas é possível. Solicita, de cada um, estudo, trabalho e perseverança, silêncio, dedicação e amorosidade. Tudo se torna possível àquele que crê e ama. E quando ficar pesada a jornada, repitamos como o pai do menino epilético entregue a Jesus para curá-lo: 'Eu creio, Senhor, ajuda-me na minha incredulidade'".[11]

Foi assim a primeira experiência desse jovem Arthur com os fenômenos teledinâmicos oferecidos pela Divindade e disponíveis a todos nós, que nos propomos ao crescimento espiritual, dispostos a mais saber, mais viver e mais amar.

Arthur desejou permanecer tirando todas as dúvidas que fervilhavam em sua cabeça, não queria tão cedo retornar à normalidade de sua vida. Era empolgante aprender sobre si mesmo. No entanto, a voz lhe disse que o conhecimento também precisa de tempo para ser absorvido e, se abandonarmos as nossas tarefas para somente vivermos o êxtase que a contemplação nos oferece, sem o devido convívio com a sociedade, estaremos aptos a nos tornar seres humanos alienados. A vida nos concede a experiência social como forma de aprimoramento e exercício das habilidades que precisamos desenvolver enquanto espíritos eternos.

Conformou-se e foi dar conta de seus afazeres naturais. Precisava comer e tomar banho... necessidades primárias que às vezes negligenciava.

11 Marcos 9:24.

4
O FUTURO

As gotas de água caíam sobre sua cabeça e pareciam frutificar questões adormecidas. A cabeça simbolizava um campo fértil absorvendo as emanações transcendentes da espiritualidade para irrigar as sementes de seus pensamentos. O campo estava meio confuso, mas disposto a aproveitar essa oportunidade e desenvolvê-las. Enfim, para alimentar as necessidades que o angustiavam, Arthur asseverou, emblemático:

– Como um banho refaz as minhas energias! Reluto, muitas vezes, em me entregar ao seu refúgio, mas não posso negar todo o reconforto que traz ao meu ser. Além de limpar o corpo físico, descamando as células mortas da epiderme, enche-me a alma de uma leveza acalentadora.

"A água, fonte da vida para todo ser vivente, traduz em divina beleza ao ser analisada e admirada em todo o seu esplendor. União de um átomo de oxigênio com dois de hidrogênio, carrega em si os mistérios da vida sobre a face da Terra. Está na atmosfera, no ar, na terra, no subsolo e dentro de nós mesmos! Como é encantador refletir sobre suas imensas possibilidades. Como é adaptável a cada ambiente. Como mata a sede, na mesma medida que retempera do calor escaldante. É desejada por todos, mas desprezada por muitos. Quanta contradição... Necessitamos dela para continuar vivos e não a valorizamos como devido. Desperdício e abuso de poder. Será que, um dia, ela será devidamente respeitada? Merece todo o nosso apreço!"

Permanecia tomando o seu banho e pensando todas essas coisas. Impressionava-lhe o fato de que, a partir de um ato corriqueiro, como o de se banhar, uma imensidão de pensamentos surgisse e trouxesse, consigo, tantos outros. E não tinha fim. Parecia mergulhado num abismo profundo. Isso lhe proporcionava um certo temor, um frio na barriga, pois sentia-se fora desse mundo, viajando numa terra desconhecida e sem saber onde chegaria. E se chegaria a algum lugar. Mas será preciso chegar?! Jesus disse que era o caminho, mas não definiu que ele tinha um fim. Viver é um ato de confiança e destemor.

Estava absorvido em seus pensamentos e desfrutava um prazer enorme, levando-o a perder a noção do tempo, até que ouviu sua mãe bater à porta e dizer:

– Esqueceu da vida, meu filho? A janta já está na mesa.

Tudo caminhava para uma noite comum. Durante a refeição, a conversa fluía naturalmente e a alegria era companhia agradável a toda família. Arthur permanecia deveras silencioso, pois guardava no íntimo as sensações agradáveis que desfrutara em seu quarto. Foi quando a conversa tomou um rumo que não lhe agradava muito. Inúmeras perguntas a respeito de sua conduta e as responsabilidades diante das tarefas familiares. A ajuda com o irmão mais novo, as notas da escola e o que mais temia: o Enem.[12] Estudava preparando-se para a prova, no entanto ain-

12 O Enem foi criado em 1998 com o objetivo de avaliar o desempenho dos estudantes concluintes do ensino médio. A partir de 2004, a prova passou a ser utilizada como ferramenta para ingresso em instituições do ensino superior e, em 2010, com sua inclusão no Sistema de Seleção Unificada (Sisu), foi reconhecido como o maior e mais completo exame educacional do Brasil.

da não havia decidido qual carreira seguir. Questionado diretamente pelo pai, sentiu o coração bater forte no peito. Pensou, pensou e nada respondeu. Um silêncio agora envergonhado. A mãe, percebendo a aflição do filho, contou um episódio de seu dia, desviando a atenção do jovem.

Voltou para o quarto desnorteado e, por um instante, desejou não existir, queria ter um condão para pular e apagar essa etapa que exigia atitude decisiva em relação ao seu futuro. Se adquirisse tamanho poder, estenderia a todos os jovens que estavam nessa mesma situação.

– Ser jovem nos dias de hoje é muito difícil – argumentou em voz alta.

Tantas coisas a se fazer; tantos compromissos; tantas decisões, que sentia o peso do mundo em suas costas. Um ar de insatisfação tomou conta de seu semblante.

"Isso não é justo, por que comigo? Por que existe a juventude? Não seria melhor, para todos, que não existisse essa fase, que pudéssemos fazer um túnel do tempo diretamente da infância à maturidade?" – era a faísca da insatisfação a queimar-lhe por dentro, deixando transparecer a revolta que desestabiliza as emoções daquele que, invigilante, cai em suas garras.

Foi a partir desses pensamentos que a voz de seu amigo se fez presente em sua mente, procurando conversar e elucidar sua aparente rebeldia contra a própria vida. E passou a conversar com ele de maneira afável.

– Acalme seu coração e tranquilize seus pensamentos. A revolta traz, juntinho com ela, o entorpecimento da razão. Nessas condições, não tomamos pé de quanto nos distanciamos da verdade, importantíssima para resolvermos, ainda que temporariamente, as pendências que se apresentam na vida. Você não foi o primeiro e não será o último a passar por essas angústias, naturais a todo jovem reencarnado num mundo de expiações e provas.[13]

"É naturalmente compreensível, até certo ponto, as suas reclamações. Brota espontaneamente dentro de cada um que necessita fazer valer a sua vontade frente à monotonia da procrastinação. Sinal de que a infância já vai longe e que as responsabilidades de espírito imortal começam a bater em suas portas. Aceite os acontecimentos que te acometem, sem receios. Jesus disse a Saulo, na estrada de Damasco, 'duro é recalcitrar contra os aguilhões',[14] permitindo o aprendizado que, em quaisquer circunstâncias, enfrentar os desafios vale mais do que escondê-los. E não decidir já é, em si, uma decisão que trará, independentemente de sua vontade, consequências das quais não poderá fugir. Acalme-se, estou ao teu lado para te ajudar."

Ouvindo isso, o coração de Arthur pareceu asserenar. Continuava meio tonto, depois de rugir impropérios contra a própria vida, como se ela ouvisse suas reclamações infantis e se incomodasse com isso. Retornou lentamente a uma sensação de tranquilidade, colhida das emanações da voz que lhe falava dentro da mente. Aproveitou o ensejo e questionou:

– Por acaso, são desprovidas de razão as minhas dúvidas? Estou sendo ingrato com a vida que possuo? Tenho ou não direito de reclamar? O problema é meu e não consigo resolver. Como me livrar de tantos aborrecimentos? Por que eu sofro tanto? Queria não existir – repetiu novamente esse pensamento infeliz. Esperou um pouco e seu amigo não se fez de rogado:

– Você tem toda a razão em seus argumentos, mas precisa aprender que sempre existem pontos de vista mais apropriados

---

13 Categorização efetuada por Allan Kardec, no Evangelho Segundo o Espiritismo, e, segundo a qual é um mundo intermediário destinado às almas que necessitam expiar as suas faltas, onde os vícios predominam. Tal é a situação da Terra atualmente.

14 Atos 26:14

a cada situação. No estado emocional em que se encontra, não é de assustar que verbalize pensamentos incongruentes. Todavia, se você deseja avançar de maneira firme em sua evolução, aproveitando os ensinamentos que te chegam, sugiro que reflita comigo sobre algumas ponderações que colocarei com muito amor em seu coração. A decisão final será sempre sua. Não poderá delegar a ninguém.

"Arthur, você sabe que já tivemos várias encarnações e elas se repetirão por muito tempo, ainda. Já passamos por esta fase de instabilidade emocional e psicológica tantas vezes quantas renascemos aqui na Terra – a juventude. Conseguiu superá-la em todos as vidas pretéritas e não será diferente agora. O aprendizado constante é fruto da vivência de cada acontecimento, feliz ou infeliz, prazeroso ou detestável, não obstante trazer consigo elementos notáveis ao aprimoramento espiritual. Muitas pessoas rogam aos céus, através de preces fervorosas, o abrandamento das dores e o prolongamento dos dias felizes. Entretanto, não podemos nos esquecer de que a resignação ou desobediência de cada momento vivido é decisão que compete a cada um tomar. Algumas delas são frutos das escolhas passadas, enquanto outras de nossa desatenção presente. Tantas outras do desejo de um futuro mentiroso de aventuras e gozos mundanos.

"Além dos recursos hauridos nas nossas experiências, não é incomum o aprendizado se estabelecer com a observação do que acontece com o semelhante. Analisamos, então, prós e contras de cada vivência, aproveitando todas elas como suportes para as nossas decisões. Trarei para você, agora, o exemplo de mais uma jovem que enfrentou as dificuldades de seu tempo, sabendo apropriar-se da boa inspiração e boas resoluções para vencer e sedimentar o bem e o belo dentro de si mesma.

"Deseja ouvir outra história? Creio que será muito proveitoso para você. É uma personalidade que soube receber com otimismo os problemas e, com o coração resignado, acabou auxiliando muitas pessoas no mundo de hoje."

Arthur balançou a cabeça afirmativamente e se posicionou, emocional e fisicamente ereto, para ouvir. E a voz começou a falar mansamente sobre a vida de Anne Frank.

– Nascida no ano de 1929, numa família judia, residia junto aos familiares em terras alemãs. A partir de 1933, quando os nazistas ascenderam ao poder político daquele país, a vida para as comunidades semitas começou a sofrer constantes ameaças. Em 1942, com apenas 13 anos de idade, seu pai decidiu levar a família para um esconderijo, pois haviam sido requisitados a se mudarem para um campo de trabalho. Viveram escondidos até que, em 1944, seguindo uma dica de um informante, a família foi descoberta em seu esconderijo, sendo transferida para o campo de concentração de Westerbork. Todos foram sujeitados a trabalhos forçados, como se fossem criminosos. Logo depois, foram transferidos para o campo de concentração de Auschiwitiz, onde seu pai foi separado da família. Nos idos de 1945, infectada pela febre tifoide, veio a falecer com apenas 15 anos.

"Anne Frank deixou um diário, em que anotava a rotina da família, os seus sentimentos a respeito da vida e sonhos que tinha para realizar após concluir a escola. Posteriormente, seus escritos transformaram-se em livro e, hoje, serve de inspiração e reflexão para um grande número de pessoas.

"Agora, reflita sobre alguns questionamentos que te proponho: você diria que a juventude de Anne foi amena, leve e suave? Acha que foi agradável morar num esconderijo e depois ver seu pai ser afastado, assistir sua família despedaçada, morrendo de febre tifoide aos 15 anos de idade? Será que ela aproveitou a reencarnação sofrida para progredir a sua alma, apesar de sua morte tão precoce? Onde arranjou forças para permanecer paciente e destemida frente às dificuldades? Como contornou o desejo de estar com suas amigas, fazendo planos para o futuro?

"E você, ainda tem vontade de reclamar de sua vida, morando numa casa ampla com tantos mimos ao seu redor? Livre para viver, correr, rir e sonhar até não querer mais?

– Você poderia, então, explicar melhor essas proposições? – disse Arthur, um pouco espantado com a lição singela e profunda sobre a vida de Anne.

– O tempo que se vive na carne não é o mais importante, mas a qualidade e o aproveitamento das oportunidades para o aprimoramento íntimo, realizando todo o potencial que cada um possui dentro de si. A parábola dos talentos,[15] contada por Jesus, explica bem essas possibilidades. Precisamos investir no viver bem para sermos dignos de tantas benesses emanadas da espiritualidade a nosso favor. Amar e ser feliz. Aceitar os reveses e procurar ser bom a cada momento. Viver abundantemente cada experiência, retirando dos tropeços o ensinamento que elucida e transforma nossa alma. Rir com a alegria e chorar com as tristezas, respeitando todos esses professores. Andar junto aos aflitos e cantarolar nas horas tempestuosas. Sermos sinceros com os nossos anseios e respeitar os semelhantes. Não infringir a lei e ser amante da verdade. Atitudes simples para uma vida nobre.

Inquieto com as notícias trazidas pela voz amiga, não aceitou todos os argumentos, ou melhor, preferiu fugir de sua responsabilidade. Quando defrontado e sentindo seu castelo, tão bem construído num contexto que o beneficiava, desconstruído de maneira racional e verdadeira, sentiu a disposição de contradizer tudo o que havia escutado. Contudo, deixou-se cair num estado de torpor e ali permaneceu por vários e vários minutos.

---

15 Mateus 25:14-30.

Esse tempo foi necessário para que a força do exemplo emitido pelo seu amigo desencarnado fosse pacientemente absorvida pela mente de Arthur. Nada existe para o qual o tempo não seja bom conselheiro, ainda mais para ele, tão ávido por saber das coisas. Permanecia satisfeito, toda vez que as suas ideias batiam com as de seu amigo, mas à menor contradição, aborrecia-se tal qual criança de quem é retirado o pirulito da boca.

A passagem da infância para a adolescência se dá de maneira suave, e não bruscamente. Não dormimos criança e acordamos jovens, modificados e donos de toda a estrutura necessária para viver bem, sabendo como lidar com os desafios vigentes. Somos como o ar refrescante da primavera que chega de mansinho e conquista a paisagem.

Na medida que internalizava a necessidade de aceitação do processo natural da vida, pelo qual todos passam, sendo pessoal e intransferível, foi sentindo um bem-estar dentro de si, como se forças contrárias que digladiavam no seu interior chegassem, enfim, às pazes. Não estava completamente convencido, mas valia a pena dar uma chance para os argumentos de seu amigo. Com esse ânimo renovado, perguntou novamente, sem a certeza de que seria ainda atendido:

– Por acaso não teria mais uma história da vida de Francisco de Assis para me contar? Fiquei tão empolgado com o seu relato que desejaria saber mais a respeito desse jovem destemido, que tão moço foi para uma guerra, sem saber que sua vida mudaria de rumo, bem no meio da viagem.

– Como não? Retornemos ao ponto em que paramos a narrativa. Você lembra, não é mesmo?

– Sim, sim. Ficou gravada na minha memória e conquistou um pedacinho do meu coração. Vamos adiante.

– Após aquela conversa intrigante, amanheceu para Francisco um novo mundo. Teve a impressão de que voltava para casa após uma longa viagem, onde colhera frutos e experiências indizíveis. Tudo ao seu redor transformava-se em seu olhar, ganhando cores diferentes de como eram em realidade, sem os véus da ilusão. Até o ar que respirava inebriava seu corpo, inspirando o oxigênio e extraindo dele entusiasmo para cantarolar as alegrias da paz. Os rios se tornaram mais belos. O voar das aves ganhou contornos admiráveis. Até a poeira que levantava do trotar de seu cavalo reluzia ao contato de um raio de sol, desvendando um sem número de vidas desconhecidas. Porém não fora sempre assim.

"Certo dia, ao adormecer, antes de sua viagem, teve um sonho diferente dos que estava acostumado. Sentiu-se levado para um local desconhecido, parecia uma grande sala repleta de símbolos de guerra como escudos, espadas, troféus e muito dinheiro. Olhava, admirado, cada detalhe. Seus olhos brilhavam e sua imaginação vibrava diante de tanta alegria. Ouviu, então, uma voz que lhe dizia que tudo aquilo ali seria dele e de seus amigos. Acordou agitado e encantado com o sonho. Dizia para si mesmo; 'como é bom viver e, sabendo que tudo aquilo será meu, aumenta mais o meu êxtase'. Chegou à conclusão de que a vitória da futura guerra, da qual participaria, estava garantida. Tão real foi o sonho que não guardava dúvidas sobre o sucesso que chegaria em pouco tempo. Bastava aguardar o dia de partir, para que se materializassem seus anseios de vitória."

Após uma breve pausa, o amigo da outra esfera prosseguiu, interpelando:

– Você já teve algum sonho profético, Arthur?

– Até hoje, não, mas quem sabe, no futuro?! – falou automaticamente, quase premonitoriamente.

– A má interpretação de um sonho, ou mesmo a ilusão que às vezes ele provoca, induzem-nos a escolhas infelizes ou mesmo reduz o esforço na conquista, pois se tem a certeza de que se alcançará a realização plena do que foi sonhado. E nada é conquistado sem o devido esforço. Torna-se mesmo um pensamento infantil.

"Achar que a vida é um mar de rosas, como se diz comumente, é não estar em dia com as leis eternas que valorizam e coroam aqueles que adquirem o merecimento necessário, através do trabalho constante dentro de si e dos estudos das teorias humanas. A empolgação, sem bases que a justifiquem, pode ser um engano amargo que nos chegará à boca.

"O sonho nem sempre é profético, representa muitas vezes a manifestação do inconsciente através de símbolos que precisam ser tranquilamente decifrados, sem interpretações baratas e simplistas: é coisa séria. A psicologia analítica estuda, há mais de um século, esse fenômeno. Existem pessoas que se dedicam a pesquisas admiráveis, revelando aspectos necessários ao aprendizado de cada ser humano.

"Esse sonho, especificamente, foi uma revelação. Trazia em si a realidade que viveria a alma de Francisco com seus inúmeros amigos, os quais não se restringiriam à cidade de Assis, mas abrangeriam outros países e continentes, tal a força de seu amor pelo Evangelho de Jesus Cristo. Ao final de sua vida terrena, milhares de pessoas seguiriam os seus passos.

"O que aconteceu, então? Empolgado com a sua visão restrita de gozos egoístas, naturais da alma juvenil, sem a profundidade necessária para alcançar o futuro, distorceu a mensagem que trazia em seu bojo a riqueza que haveria de desfrutar ao lado de sua esposa – a dama pobreza. Riqueza espiritual, e não aquela que os ladrões roubam, as traças corroem e as ferrugens consomem. Caso ele seguisse sua intuição e o planejamento reencarnatório, toda essa riqueza faria parte de sua vida. E fez.

"Foi então para a Apúlia,[16] em busca da realização de seus sonhos. O que aconteceu na cidade de Espoleto, você se lembra?"

– Mas é claro que sim. Impressionou-me a ponto de não parar de pensar como deve ter sido assustador, num primeiro momento, para ele. O que será que sentiu ao abandonar seus amigos e principalmente seus sonhos, tão convicto se encontrava? E começar do zero todo um novo direcionamento em sua vida... E se alguém na cidade o chamasse de covarde? Como enfrentaria essa afronta? Desde que ouvi a sua história, minha cabeça fervilha de tanto pensar. Não existia, à sua época, reunião de mocidade e tão pouco espiritismo para explicar como aconteciam os fenômenos mediúnicos! Não sentiu medo da voz que falava em sua cabeça? Como é bom saber que a doutrina espírita esclarece, de forma simples, a relação entre nós, reencarnados, e vocês, desencarnados. Ufa!

Deitado, percebeu que a voz do amigo ia se distanciando. Olhava para o teto fixamente, como se procurasse motivos para novas viagens. Adquiriu um semblante de *eureka*. Mirou atentamente um buraquinho no teto e sentiu como se um aspirador de pó sugasse a sua mente para dentro dele. Compreendeu, num instante, que a vida emana suas energias em toda parte, que o seu esforço, ou melhor, a sua entrega, é a parte que lhe cabe, com sua vontade determinante, a fim de se integrar ao Universo. O uno absoluto envolvendo o *verso* de nossas ilusões.

Adormeceu profundamente, acordando na mesma posição. Naquela noite, o seu corpo não refletiu a turbulência que fazia festa em sua cabeça.

---

16 Região no sul da Itália em que se travaria a guerra que Francisco se habilitara a participar.

5
REVISITANDO O EVANGELHO

Espreguiçar-se já é o primeiro esforço ao acordar. Esticar os músculos e anunciar ao corpo que está na hora de movimentar. Os neurônios, por outro lado, são tão especiais que despertam a todo vapor, buscando relembrar o dia anterior e posicionando-se como um GPS quanto ao local, data, hora e tarefas a serem cumpridas no dia, da mesma maneira que uma bússola norteia as diretrizes a serem seguidas. Fazem isso tão meticulosamente que assustam pela intensidade e automatismo em que trabalham. Regidos pelo cérebro, são uma usina incansável de metamorfoses intrigantes; trocam informações e ponderam possibilidades. Recebem os estímulos e devolvem em orientações precisas sobre como agir devidamente.

O corpo humano é uma máquina divina capaz de receber e auxiliar o espírito frente aos seus desafios reencarnatórios. Sistemas, órgãos, células e moléculas, todos trabalhando individual e coletivamente sob o domínio do espírito. Um complexo ativo e incansavelmente disposto a obedecer às ordens da mente, sendo auxiliado pelo perispírito e seus diversos canais de força.

Arthur pegou o livro *Pão Nosso*,[17] de Emmanuel, psicografado por Chico Xavier, e abriu aleatoriamente, como de costume. O evangelho explicado detalhadamente ajuda na compreensão dos ensinamentos que Jesus nos deixou, embora estejam, algumas vezes, sob o véu de parábolas. Um livro pequenino, com passagens rápidas e explicações profundas, que tocam a alma como um sopro de vento gelado que se sente ao abrir a geladeira num dia de verão, quão refrescante é!

Os olhos pousaram sobre a lição do capítulo 85, com o título "E o adúltero?". Era a conhecida passagem daquela mulher flagrada em adultério. Leu pausadamente e releu para fixar a lição. Na mesma medida que seus olhos corriam pelas frases, seu cérebro inundava-se de questionamentos. Era tanta a intensidade que precisou interromper a leitura várias vezes, a fim de domar a mente agitada.

Finalizada a tarefa, começou a dar asas aos seus pensamentos:

– O povo judeu julgava e condenava em praça pública, sem o devido processo legal. Se era costume da época e de sua cultura, muito impressiona pela falta de caridade e justiça, como seria se cada falta, nos dias de hoje, fosse levada ao público para tecerem opiniões e julgamentos? As pessoas talvez não fizessem mais nada na vida. Pelo que consigo identificar, não só nos jornais, como nas brigas que ouço de meus vizinhos, nos atritos que temos dentro de casa e os corriqueiros desentendimentos na via pública, o tempo de vinte e quatro horas seria pequeno para tanta atividade. Além do mais, quem estaria isento de faltas? Quem se julgaria perfeito para dar a palavra final?

---

17 Livro faz parte de uma coleção do espírito Emmanuel, publicada pela Federação Espírita Brasileira, na qual ele interpreta as passagens evangélicas. São eles: *Caminho, Verdade e Vida*, *Vinha de Luz*, *Fonte Viva* e *Pão Nosso*. Em outros livros, publicados por outras editoras, Emmanuel também realiza comentários aos Evangelhos e às cartas de Paulo de Tarso.

Lembrou-se de um caso de *bullying*[18] ocorrido em sua escola e continuou fazendo as devidas comparações:

– Diferentemente da mulher de Jerusalém, as pessoas que praticaram os atos não deram as caras. Utilizaram das mídias sociais para se esconder e difamar atitudes de um aluno. Antigamente, pelo menos, os acusadores não se escondiam. Hoje, atrás do véu da tecnologia, covardemente não aparecem para assumir a cota de responsabilidade que lhes é cabida.

"Outro fato intrigante é que a mulher não cometeu sozinha o adultério, houve um coautor que estava envolvido, desfrutou ou até mesmo a convenceu a efetivar o delito, dentro das leis mosaicas. Onde ele estaria? Acovardou-se? Ou estava entre aqueles que desejavam apedrejá-la? A insensatez humana não tem limites...

"Não existe espaço vazio no universo, o que me leva a crer que ninguém faz nada sem ajuda ou influenciação de outro ser. Pode acontecer deliberadamente, por provocação ou afinidade de propósitos, mas sempre existe um parceiro – encarnado ou desencarnado – para compartilhar os pensamentos e atitudes. O ato em si acontece individualmente; contudo, pelas características do pensamento como força propulsora de emanações eletromagnéticas ativas, perambula no espaço encontrando receptividade em outras mentes afins, aumentando a intensidade do que sentimos. Isso me leva à conclusão de que ninguém pode se julgar culpado ou felicitado por realizar tais ou quais atos, sem que um outro ser o esteja ladeando. Ninguém está só no universo! Ninguém está só no universo! Que alívio...

---

18 Prática de atos violentos, intencionais e repetidos, contra uma pessoa indefesa, que podem causar danos físicos e psicológicos às vítimas. O termo surgiu a partir do inglês *bully*, palavra que significa tirano, brigão ou valentão, na tradução para o português (Disponível em: https://www.significados.com.br/bullying/ https://www.significados.com.br/bullying/).

"A cumplicidade existe, portanto, em todos os atos da vida. Recordo-me de que, na mocidade, foi citada uma passagem do Gênesis de Moisés, capítulo I, versículo 26, em que Deus disse: 'Façamos o homem à nossa imagem...' Até Deus se utilizou de auxiliares para crear os parâmetros do ser humano na Terra. Caso estivesse só, diria: 'Faça o homem...' Deixou claro, portanto, que todo trabalho dever ser originariamente coletivo. Cada um contribuindo com sua parcela na grande obra universal.

"Não foi por outro motivo que o mestre Jesus, no desempenho de sua tarefa, qual seja, a implementação do Reino de Deus nos corações humanos, não prescindiu da ajuda, ainda que imperfeita, dos seus apóstolos. E todos, cada um à sua maneira e capacidade, foram essenciais, contribuindo para o bom desempenho da proposta."

"Afinal, qual seria a vantagem de se dizer único idealizador perante uma ação, quando a união desenvolve características diversas daquelas que colocamos a serviço do bem? O ponto de vista é, isoladamente, uma restrição única daquilo que, quase sempre, encontra interpretações diferentes. Talvez não seja senão o orgulho e a vaidade transvestidos de falsa humildade, materializando o desejo de ser o benfeitor de toda a humanidade, sozinho. Também não deixa de ser falta de bom senso diante de objetivo tão extenso."

E os pensamentos sucediam-se como os vagões dos trens de Minas, unidos em sequência e sendo alimentados por uma máquina inteligente que seguia à frente, o espírito. Os questionamentos retroalimentavam-se e ele prosseguia, intimorato:

– Por que, em meio à turba enfurecida, não havia nenhuma mulher para acusar? Ou para defendê-la? A religião judaica era eminentemente patriarcal e as mulheres ocupavam lugar bem baixo na hierarquia social. Eram discriminadas, e seus direitos, diminutos. Jesus mostrou ser um revolucionário ao oferecer o seu amor e respeito às mulheres de Jerusalém. Até mesmo Pedro olhava-o de maneira inquiridora, quando Ele conversava intimamente com uma ou outra mulher que lhe buscava os conselhos.

"A igualdade dispensada pelo Mestre a todos que o rodeavam tornar-se-ia, hoje, num mecanismo fortalecedor da harmonia nos relacionamentos sociais. A força bruta continua valendo no trato entre homens e mulheres, infelizmente. Dois mil anos se passaram e ainda guardamos relativa similitude com o jeito de ser daquela época distante. A evolução, realmente, processa-se de maneira bem mais lenta do que a gente pode imaginar. Embora avanços em diversos ramos culturais, morais, artísticos e sociais, ainda vige muito preconceito e discriminação com o sexo feminino."

Arthur estava estarrecido com o fluxo de pensamentos a esse respeito. Jamais havia meditado tão profundamente sobre uma passagem evangélica. Teve a certeza de que a voz compartilhava com ele, em sua cabeça, sem, contudo, identificar-se. A intuição ganhou níveis verdadeiramente intensos. Não encontrava lapsos de interrupção, era como se jatos de energia inundassem por completo a sua mente. Uma após outra, as palavras, frases e orações interpunham-se numa velocidade tão acentuada que, se tivesse que falar sobre tudo isso, certamente lhe faltaria fôlego. Continuou, assim, a pensar:

– Dentre os acusadores de adultério não haveria um parente, um vizinho, um amigo, um conhecido sequer? Ninguém mesmo para lhe oferecer um olhar compassivo? Uma voz que ponderasse a relatividade de matar a sangue frio, com pedradas envolvidas em puro ódio? Quando o desespero bate à nossa porta, como é bom ter um colo amigo, um olhar benevolente e um ouvido caridoso para deitarmos nossas aflições! O companheirismo, nessas horas, vale à conta de misterioso bálsamo que ameniza as dores afligentes.

"Amigos, parentes e corações benevolentes os temos também entre os desencarnados, que nos acompanham principalmente nas horas amargas em que sorvemos compromissos agudos. Por isso, foi bom estudar e aprender sobre a nossa realidade tríplice: espírito, perispírito e corpo. Não estamos restritos, apenas, à armadura de um corpo denso; podemos expandir o perispírito e receber emanações profundas do meio ambiente e de outros espíritos. Cabe-nos, no entanto, o exercício da meditação e das técnicas que nos ensejam a compreensão e a vivência da realidade espiritual. Tomar pé dos atributos do perispírito e entrar em relação com os espíritos desencarnados, oferece-nos amplos refrigérios nos momentos de aparente solidão, de sofrimentos atrozes e indiferença alheia.

"Orar e sentir a espiritualidade conforta-nos quando mais precisamos. Os espíritos desencarnados não têm o poder de modificar nossas provas e expiações, mas aumentam as nossas resistências frente à dor iminente. Foi Deus que nos deu essas habilidades. Kardec demonstrou que todos somos médiuns, em graus de sensibilidades diferentes."

Tocado no íntimo de si mesmo, eis que a sensibilidade lhe renovou parâmetros que invocavam o mais puro envolvimento materno:

– E quem não tem um coração de mãe que olhe por cada filho nas situações de adversidades do dia a dia?! Desta ou de outras vidas, sempre a energia provinda de uma mãe é conforto certo, quando mais precisamos. Se não puder estar presente fisicamente, sua alma e pensamento estarão envolvendo como capa impermeável que a tudo suporta, que espanta as más energias e nos socorre frente à fragilidade emocional. Calor que aquece, mesmo distante. Luz que ilumina sem criar sombras. Amor sem peias. Mãe, palavra bendita que sai dos lábios, automaticamente, quando o perigo aparece, seja deste ou doutro mundo. Deus é mãe! Deus é mãe! Não tenho mais dúvidas! – gritou Arthur, enfaticamente.

Continuando a refletir sobre a passagem evangélica, chamou-lhe a atenção o momento crucial, talvez o mais importante para aquela mulher amargurada, sofrida e escorraçada por aquela sociedade preconceituosa e impiedosa com os equívocos alheios. Bem já dizia Jesus: "Hipócritas! Bem profetizou Isaías sobre vós, denunciando: 'Este povo me honra com os lábios, mas seu coração está longe de mim'".[19] Então, o Mestre oferece o seu veredito sobre a situação conflitante em que se encontrava aquela jovem pega em adultério.

– "Vai e não tornes a pecar"[20] – falou em voz alta, querendo atingir um profundo entendimento dessa frase dita com ênfase e extremo carinho. O amor não prescinde firmeza. A doçura não dispensa a verdade.

– Por onde teria caminhado aquele coração aflito e abandonado à própria sorte? Teria retornado ao lar? Voltara a cometer outros delitos? Chegou a constituir família e ter filhos? Será que foi rechaçada pela sociedade? Como ficaram registradas, em seu coração, as palavras do Mestre? Foi um divisor de águas em sua vida? Morreu só? Quantas possibilidades para aquele coração – pensava, incessantemente.

Certo é que refazer o caminho não é tarefa fácil. Não foi naquela época e continua sendo um desafio, nos dias atuais. Remodelar trajetórias, percorrer estradas novas, ressignificar as normas de conduta e os hábitos antigos, traduz-se em desafios enormes para qualquer coração. A frase de Jesus é simples e clara, "enxergas um cisco no olho do irmão e não percebes uma

---

19 Mateus 15:7 e 8.

20 João 8:11.

trave no vosso".[21] Os erros alheios são mais intensos, não merecendo compadecimento, enquanto nossas grandes falhas devem merecer compreensão infinita.

Vai... vai... a ordem repercutia em sua cabeça. Ir sempre em frente, rumo ao alvo. Viver e deixar viver. Ser intenso e presente em cada situação. Passo a passo, devagar, mas constantemente. A perseverança nos salvará da inércia e das experiências que preenchem a alma de maturidade. Ir além, superar obstáculos, estar de coração puro diante da imprevisibilidade do meio. Ter confiança e fé. Saber-se capaz de construir sua própria vida, assumindo riscos e responsabilidades, desfrutando das benesses e auferindo os resultados. Rir e chorar, mas sempre ser grato à vida.

Há algumas semanas estudara, na mocidade, a questão 200 de *O livro dos espíritos*, ocasião em que o debate arregimentou novos conhecimentos a respeito da sexualidade dos espíritos. Aprendera, com atenção e curiosidade, que os espíritos não têm sexo. Apropriam-se da indumentária humana ora como homens, ora como mulheres, livres para desfrutarem e aprenderem com suas experiências. Se mal utilizadas, carregam o pesar das decisões; se bem utilizadas, incentivam o bem naqueles que amam. Com esse raciocínio basilar, Arthur perguntou a si mesmo, em voz alta, para ver se encontrava alguma resposta a lhe saciar:

– Se todos fomos criados em igualdade de condições e com o mesmo destino, por que tanta distinção entre homens e mulheres? Se ora envergamos as vestes do homem e ora nos revestimos do corpo feminino, qual a motivação para a disputa de poder e de mando, nos relacionamentos amorosos? Não precisamos das duas experiências para avançarmos na evolução? Por que tantas brigas? Por que tanto apego? Por que tanta dissenção?

---

21 Mateus 7:3.

Na mesma suavidade de sempre, a voz amiga se fez presente, de forma nítida, e procurou auxiliá-lo, esclarecendo:

– A passagem evangélica despertou dentro de você sentimentos há tempo adormecidos, mas que são profundos e necessários para ajudar os seres humanos na busca pela pacificação, inclusive a você. No atual estágio, são raros os espíritos que não se encontram vinculados ao mau uso da força sexual.

"Recorde-se de que esses homens que tentaram apedrejar a jovem mulher éramos nós mesmos, reencarnados na Judeia. Às vezes, esquecemo-nos que somos caminheiros em aprendizagem constante e, quando olhamos para traz, assustamo-nos diante das atrocidades que cometíamos naturalmente. Hoje em dia, os apedrejamentos continuam, só que através de dardos mentais. Pensamos, julgamos e atacamos indistintamente aquele que se atreve a cruzar nosso caminho e impedir nossos desejos inconfessáveis."

"Os espíritos que reencarnam na Terra como mulheres, se dispostos a entender as contingências a que se veem sujeitos, encontram inumeráveis oportunidades para crescimento íntimo. Provas amargas e muitas vezes atrozes são capazes de elevá-las a patamares de compreensão indefiníveis. Quando regateiam seus compromissos, desperdiçam grande chance de avançar rumo a planos elevados de paz, amor e compreensão. Choram ao sentir escapar, de suas mãos, a tarefa adredemente escolhida e planejada no plano espiritual para alavancar seu progresso.

"As mulheres foram, historicamente almas especiais que se oferecem para, enfrentando as dificuldades de seu tempo, renunciarem em prol de almas queridas, pois não aceitariam um céu de felicidades sabendo que um filho amado agoniza no ranger de dentes e das trevas exteriores, segundo as colocações bíblicas. Abnegadas ao extremo, rogam insistentemente o ensejo de reencarnações provacionais em nome do amor.

"Nada disso, porém, retira a necessidade de lutarmos contra a discriminação do sexo feminino. Não existe, nas Leis Eternas, nenhum fator que justifique tal desonra. Devemos fazer a nossa parte, para a diminuição dessa desigualdade. Sem revolta, entendendo o patamar evolucional de cada sociedade, mas firmes no defender a justa equidade entre os sexos. Ler, estudar, vivenciar e difundir o respeito mútuo. Cada uma delas tem o direito de escolher o que deseja para si, sem constrangimentos familiares, sociais, culturais etc. Liberdade é atributo divino de todos os espíritos, independentemente de qualquer coisa.

"Olhando para os milênios vividos pela sociedade terrena, não podemos negar o melhoramento contínuo que vem se processando em todos os matizes. De homens primitivos que usavam da brutalidade sobre suas parceiras, passando pelos tempos em que elas não possuíam alma, valiam menos que animais e eram vendidas e dominadas pelo homem, até o reconhecimento, definitivo e atual, de sua importância e igualdade em todos os flancos da sociedade. As mulheres têm o direito inalienável de conquistar seus espaços profissionais, estudar e escolher o destino que melhor supre seus anseios. Cabe a cada espírito viver conforme lhe aprouver, sem restrição de qualquer matiz. Foi para isso que Deus nos creou, para nos realizarmos plenamente, respeitando, a todo o tempo, o direito do próximo.

"À medida que o ponto de vista se alarga, fica fácil entender que avançamos coletivamente a passos lentos. Inegável, também, o progresso nas conquistas femininas no decorrer das décadas. Muito falta a alcançar, mas é certo a equivalência entre os sexos, num mundo de regeneração no qual viveremos um dia.

"Aconselho-te a procurar sua amiga numa primeira oportunidade, conforme você deseja. Poderão discutir o assunto e você esclarecerá as dúvidas que te incomodam."

6
O VALOR DA AMIZADE

A mente tem uma força incrível. Desde esse último contato com a voz amiga, Arthur não parava de pensar em uma amiga querida. Já fazia um bom tempo que não se encontravam para conversar e se divertirem. Era mais velha que ele, cursava agora Psicologia na faculdade da cidade. Os encontros tornaram-se escassos; contudo, o amor fraterno que desenvolveram permanecia forte entre os dois. Uma verdadeira amizade, consolidada pelo tempo, apesar da distância física. As lembranças, bem como a saudade, comprovam que o sentimento é atemporal.

Transcorrera a semana de forma natural sem nenhuma atividade que chamasse deliberadamente a atenção do jovem, a não ser uma insistência da lembrança de sua amiga durante diversos acontecimentos. Num dia, vira a propaganda na TV sobre o curso de Psicologia, e eis que Gabi insinuava instantaneamente à sua mente. Outro dia, assistindo a um filme, uma das personagens transfigurava um jeito de ser e de falar muito parecido com o dela. Foi assim que despertou uma saudade ainda maior de sua querida e estimada amiga.

Chegado que foi o final de semana, aproveitou para colocar em dia suas leituras e o romance *Cinquenta anos depois*,[22] uma tarefa da mocidade. No domingo, a preguiça fazia companhia e parecia que o acompanharia durante todo o dia. Um desânimo vindo não se sabe da onde – e o corpo se entregava sem qualquer resistência. Resolveu então enviar uma mensagem através de uma das redes sociais para a amiga. Saudou-a como de costume e foi logo demonstrando a sua imensa saudade:

– O tempo voa à medida que ficamos longe dos corações que nos trazem afeto. Tenho a sensação de que foi ontem mesmo nosso último encontro, e ressoam em meu ouvido as suas palavras de carinho na despedida. O calor do seu abraço ainda aquece o meu coração. O seu hálito enfeita as minhas noites de alegria. Queria falar tanto contigo... poderíamos nos encontrar? Você teria um tempinho para colocarmos a conversa em dia e matarmos a saudade que já vai grande no meu peito?

– Venha logo – não tardou em responder Gabriela –, estou sozinha em casa, papai e mamãe foram visitar uns amigos. Poderemos conversar à vontade. Demore não, para que não vire ansiedade a expectativa do reencontro. Desde agora, já começo a deliciar-me com a sua presença – disse ela. A amizade possui lá os seus mistérios.

E assim aconteceu.

O domingo manhoso continuava o mesmo; entretanto, sua postura interna demonstrava que, na vida, cada um faz o mundo que deseja. Na base da mente, surgem os coloridos que enfeitam o existir ou as tintas carregadas de incompreensão que perfazem o marasmo cotidiano. Céu e inferno são, em última instância, uma escolha pessoal.

---

22 Livro da coleção de romances históricos do espírito Emmanuel. Compõem a coleção os seguintes títulos: *Há dois mil anos*, *Cinquenta anos depois*, *Paulo e Estêvão*, *Renúncia* e *Ave Cristo*.

Após os abraços, beijos e felicitações gerais, fruto da ausência física de largo período, começaram a atualizar suas vidas. Ela discorria sobre a grande satisfação de desvendar novos paradigmas nas aulas da faculdade, além da visão diferenciada da psicologia como forma de entender as manifestações emocionais, conscientes ou não, de cada um. Ele a expressar sua rotina de aluno aplicado e filho obediente, tanto quanto de suas apreensões sobre o seu futuro, destacando a ânsia, sempre presente, de saber o porquê das coisas, principalmente das emoções que envolvem os fatos da vida.

Caminhavam assim, no mundo um do outro, entrelaçados de carinho e afeto, únicos capazes de sustentar uma amizade longínqua. Vibravam com os comentários, riam gostosamente ao calor dos braços e abraços com uma alegria contagiante! Ah, a amizade! Traz consigo uma gama de sutilezas que encantam e suavizam os momentos áridos e aflitivos, comuns a todos. Faz leve o que, um momento antes, pesava quilos.

Gabi, já desenvolvendo o que seria sua tarefa nos consultórios, atenta aos mínimos detalhes de seu amigo querido, coração sensível e percepção inteligente nos estudos, fruto de dedicação intensa, percebeu "um quê" de estranhamento nas feições sutis de Arthur e foi logo falando:

– Pode abrir o seu coração, meu querido amigo, porque não me engana, não. Algo bem mais profundo mexe contigo. À minha frente, você se torna transparente e não consegue refrear um incômodo que existe em sua alma. Vá. Diga-me. Compartilhe. Confie. Somente a confiança pode estruturar um amor verdadeiro. Toda pessoa de pouca confiança é, por assim dizer, de pouco amor. O amor é uma arte que precisamos aprender, da mesma forma que nos dedicamos à música, ao teatro ou outra qualquer. Muitos acham – e isso é só achismo, mesmo – que o amor brota milagrosamente, do nada, sem o menor esforço, somente por sentir atração física por outra pessoa. Ah! Quando os homens perceberem a importância do amor nos mínimos detalhes da vida e derem a ele a importância que carece para se expressar em toda a sua potência, então estaremos diante de uma nova revolução da humanidade, tão intensa e espantosa quanto foi a da roda e do fogo! Vamos, não enrole.

– Poxa, amiga. Você é mesmo danadinha. Parecendo aquelas bruxas da Idade Média. – assim começou Arthur a se desenrolar, depois de soltar uma bela gargalhada. – Estas questões de amor, de sexualidade, de relacionamento são muito complexas. Na teoria até fica mais fácil, para aqueles que estudam o assunto, pois quando partimos para a prática, aí a confusão se estabelece, desejos pessoais com expectativas no comportamento do outro. Bom seria se já nascêssemos com um manual de vida para consultar. Ou então que tivéssemos um aprendizado específico sobre o amor, sobre a melhor maneira de se relacionar sem sofrer, e até uma cartilha para viver em família sem brigar com ninguém. Tudo seria mais ameno. Já imaginou se o tempo que a gente gasta com coisa nenhuma fosse dedicado ao conhecimento de nós mesmos? Aprendi na escola, com o professor de filosofia – aula, que aliás, Arthur apreciava profundamente –, que o filósofo Sócrates prescreveu: "Conhece-te a ti mesmo, nada em excesso".[23] Enfim, sinto-me chato quando questiono e acabo sendo metido a reformar a própria vida, como se Deus não fosse perfeito. Você me entende?

– Como não?! Acha que, por estar na faculdade e ser mulher, não tenha passado por essa fase peculiar, porém essencial, chamada puberdade?! Tempo em que testamos a vida e desenvolvemos o senso de que todas as ações trazem consigo suas consequências. Época de autoafirmação do ego frente ao mundo gigante que nos abarca. Decisões que precisamos enfrentar

23 Embora atribuída a Sócrates, filósofo grego, a frase ficava exposta no frontispício do Oráculo de Delfos, na Grécia.

descolados da vida materna, angariando a independência necessária para crescermos enquanto seres humanos. Período de experimentações, inseguranças e muita intensidade no assumir as rédeas da própria vida. Fase apropriada para exercer o livre-arbítrio e ir moldando as máscaras personalísticas que nos acompanharão por todo o tempo. Uma erupção tempestuosa de emoções e hormônios que, até então, estavam adormecidos para o devido processo da reencarnação e que agora despertam, nos permitindo viver para não reviver experiências malfadadas do passado.

"Você não é o primeiro e não será o último, meu amigo. Só mesmo a prática há de nos levar à perfeição. Repetição é a chave do sucesso. Erros e acertos são os componentes que forjam nossa personalidade. Agir, reagir, avaliar e repetir o momento, até que o aprendizado se estabeleça dentro de nós."

Arthur sofreu um impacto, um golpe no peito. As palavras de sua amiga eram fortes e verdadeiras, ditas com tanto amor, que desmontou de vez qualquer relutância sua em relação ao que competia a si mesmo aceitar. A juventude era, indiscutivelmente, uma fase indispensável para seu amadurecimento e, por isso mesmo, intransferível. Somente ele mesmo e sua consciência para compreenderem o turbilhão de sentimentos que vinham à consciência com os argumentos precisos de Gabi. No tempo de um piscar de olhos, sentiu-se mergulhado num mar indecifrável de emoções desconexas e foi através de um cutucão, extremamente desconfortável, que voltou à realidade:

– Não desanime, amigo! Garanto que você superará bem essa fase. Quando estamos no olho do furacão, a sensação é de atordoamento e receios; entretanto, tudo vai clareando e amenizando na medida exata de sua perseverança e paciência. Durante esse período, fica difícil o entendimento, mas a certeza de dias melhores enche-nos de um vigor, de um ânimo e de uma esperança que fortifica o período de transição entre a infância e a vida adulta. Tudo aqui na Terra é passageiro – continuou Gabi, com seus argumentos lúcidos e ponderados, ditos com tanto amor, como se fosse um anjo falando. – Tenha fé, coragem e disposição, pois a vitória é certa. Você não está sozinho...

"Já ouviu aquela música do finado Raul Seixas? 'Tenha fé em Deus, tenha fé na vida! Vá, tente outra vez... basta ser sincero e desejar profundo, você será capaz de sacudir o mundo...'"[24]

Por alguns minutos, o silêncio imperou no ambiente, período imposto pelo impacto das reflexões dos versos motivacionais do poeta soteropolitano. Arthur, no seu ímpeto característico, cortou logo o silêncio exterior e disse:

– Como se diz no popular, uma caravana de anjos passou por aqui – riram-se. E não ficou nesse gracejo, foi encadeando uma sequência de perguntas à sua amiga. – Você já amou de verdade? Como uma jovem lida com a sexualidade? Seriam os mesmos desejos de um menino? E como se sente sendo mulher nos dias atuais? Está engajada em algum movimento feminista? O que pensa a respeito?

– Eita!!! Vamos com calma que devagar também se chega ao objetivo, ainda que esteja longe. Deixe-me pegar um fôlego e já te esclareço como eu vejo todos esses pontos. Uma pequena divagação filosófica e nos acertamos ao final.

Gabi respirou profundamente, como havia aprendido nas aulas de *yoga*,[25] e começou a falar tão pedagogicamente que fazia lembrar sua delicada mãe. Afinal, no fundo da alma, toda mulher é um pouco mãe nas suas relações. Aquele sexto sentido apurado, aquele carinho e atenção no outro, aquele desprendimento natural de si em prol do ser amado.

---

24 Música "Tente outra vez", do disco *Novo Aeon*, gravado em 1975 pelo cantor e compositor soteropolitano Raul Seixas.

25 A ciência da *Kriya Yoga* é união (yoga) com o Infinito por meio de certa ação ou rito (krya).

– Todo amor é verdadeiro, ou não é amor. Bem diferente do desejo, alcança o maior grau de renúncia ao comungar com o prazer alheio. Paradoxal em si, traz inúmeros parâmetros que a razão não consegue resolver, por ora, estando aberto às experimentações que lhe conferem o amadurecimento. Em sua manifestação, quando não se preocupa em cobrar retorno, imediato ou a longo prazo, abrindo mão de ser amado e experimentando o elevo de ser aquele que dá, oferece e entrega, está mais próximo da quintessência do amor, desvendando as entranhas desse sentimento sublime.

"Esclareço melhor: quando a gente conseguir se entregar ao amor sem esperar nada em troca, mas nada mesmo, nenhum tipo de reconhecimento, nem gratidão, nem um olhar compassivo, nenhuma aprovação, entregar-se por entregar, fundir-se ao próprio amor, sendo um só, então estaremos aptos e receptivos a uma nova perspectiva na vida. Um mundo novo a ser desbravado e conquistado. Na verdade, é o não desejar e integrar-se às entranhas da própria divindade. Nesse estado, consegue-se vislumbrar sentimentos inesquecíveis e inéditos, odores quintessenciados, paz na alma, alegria incontida, prazer para além das percepções físicas. Seria a conquista do paraíso na visão religiosa. A sensação daquele que vê o passarinho verde e coisas do tipo.

"Deus nos creou por amor e somente por isso. Não haveria como amar se não existisse a quem amar. E trazendo o germe de sua essência no nosso DNA espiritual, só nos realizamos na medida em que conseguimos amar sem nada desejar em troca. Passa a ser o objetivo da vida a procura da individuação,[26] ou seja, a conscientização da própria individualidade perante o universo. O amor não é comércio. Não o adquirimos em prateleiras de su-

26 O fundador da psicologia analítica, Carl Gustav Jung, entendia a individuação como um processo que significava tornar-se um ser único, alcançar uma singularidade profunda, tornando-nos o nosso próprio Si-mesmo.

permercado, tampouco em feiras ambulantes. É fruto do esforço consciente de autoaperfeiçoamento e identificação com nossa síntese divina. E todo o esforço para se chegar a essa frequência é um exercício que sedimenta e aprimora o ato em si. Como vovó já dizia: 'a prática leva à perfeição'."

– Gabi, seja sincera comigo, você já amou de verdade a alguma pessoa?

– E como não?! Amar é tocar e ser tocado pela vida. Assim como o raio de sol é uma manifestação do amor divino que nos encanta, ele sustenta a vida planetária. Um ósculo de carinho a qualquer ser vivente representa esse mesmo fenômeno, muitas vezes não catalogado à conta de amor, visto estarmos vinculados à sua manifestação restritamente às funções sexuais. Amor não é somente exercício e desejo sexual, vai muitíssimo além disso. Precisamos expandir, quebrar os paradigmas que o mundo nos oferece, encontrando prazer na própria contemplação da vida, que nos escapa à pura razão. Eu já tive paqueras, isso já, mas nada que perdurassem por muito tempo, foi apenas um estímulo gostoso que vivi intensamente. O prazer sexual é intenso e sedutor, carecendo de cumplicidade e afinidade para se revelar companheiro duradouro. A fidelidade é condição precípua para maior e melhor fruição do prazer sexual, visto estar profundamente alicerçada às energias que alimentam nosso psiquismo. O prazer estende-se na medida em que nos afinizamos com o ser amado, e isso só é possível quando não o dispersamos com várias relações ao mesmo tempo, pois sempre doamos algo de nós mesmos enquanto incorporamos a realidade energética do parceiro. A relação sexual é ordinariamente uma permuta intensa e impactante.

"A paixão nos alavanca, ela é boa, mas é também passageira, e isso é muito bom e saudável. Traz impulsos magnânimos merecedores de atenção e bom direcionamento, senão nos afogamos em suas torrentes. Vontade demais sem razão é adrenalina pura, acaba trazendo consequências indesejáveis."

– E esses sentimentos são os mesmos em ambos os sexos? Como você entende esse processo? – questionou uma vez mais Arthur, insaciável em suas perquirições.

– Sobre os sentimentos e a visão das meninas a respeito da sexualidade, não são diferentes dos meninos. Culturalmente, elas são levadas a se conter mais, visto o mundo ser ainda machista. Muita coisa tem mudado atualmente. Devagarinho, elas vão se soltando e conhecendo melhor seu corpo e seus direitos, largando mão de preconceitos que não ajudam o autoconhecimento.

"Elas sentem os mesmos desejos, os mesmos impulsos de experimentação, tanto quanto os meninos. A natureza não fez nenhuma distinção a esse respeito, somente a falta de naturalidade para lidar com a sexualidade, fruto de séculos de tabu, persiste no imaginário das sociedades, que tendem a progredir vagarosamente. A própria anatomia de seus órgãos sexuais acaba dificultando o processo de conhecimento, retardando a espontaneidade com que deve ser tratada. O mundo está mudando. Novos tempos, novos rumos. Aprendizado para todos. Somos uma coletividade que evolui a passos de formiga. Deus não tem pressa. A mulher é um ser humano como qualquer outro, somente sua fisiologia e hormônios se manifestam diversamente dos homens, mas na essência somos todos iguais".

Impressionado com a capacidade de sua amiga, ouvia seus esclarecimentos admirado com o vasto conhecimento. É certo que nunca haviam conversado tão seriamente sobre assuntos relevantes como esses, importantes para todos os jovens, contudo, na maior parte do tempo, tratados com reticências e brincadeiras, sem a seriedade que merecem. Um brilho em seu olhar revelava que estava embevecido por Gabi. A partir daquele momento, ela subira inúmeros degraus em seu conceito de respeitabilidade, carinho e afeto. "Essa é uma amizade que pretendo conservar por toda a minha vida", pensava Arthur, enquanto ela arrematava. com todo o primor, seus argumentos:

– A mulher hoje em dia, como desde sempre, é um ser humano esplendoroso, fascinante, cheio de meandros a serem descobertos, com atribuições divinamente belas, um mistério que encanta e atemoriza, com uma pujança que ameaça os desavisados. Isso porque, ao longo de toda a sua história, foi afogada, recalcada, rebaixada, obstruída de revelar seu poder para contribuir ainda mais com uma sociedade harmônica e saudável, moral e intelectualmente. Estereotipada, fez de sua posição inferiorizada a sua fortaleza de resistência e suporte para uma sociedade que não a reconhecia como deveria. Os homens têm receio daquilo que não dominam. A mulher, para eles, representa um mistério que inebria e assusta ao mesmo tempo.

"Deveria ser algo natural, como tudo o que envolve a natureza. Simples e dinâmica, sempre foi tolhida pela força bruta para que não revelasse a beleza de sua essência e acuidade para lidar com os problemas sociais. Por exemplo, precisamos de um dia específico para reconhecer e manifestar a importância da mulher, por todo o mundo, comemorando a sua especificidade. Creio que não haveria necessidade para isso, se a coletividade já tivesse rompido de vez com a discriminação que o sistema patriarcal infundiu no decorrer dos milênios. Fomos creados para ser felizes e realizar, em conjunto, as possibilidades de evolução. Cada um segundo as suas atribuições e habilidades, sem imposição de qualquer natureza perante a mulher ou nenhum outro ser vivo. A liberdade é um atributo lendário em nosso mundo. É tão forte que é reprimido quando afronta o poder egoístico ou ameaça a dependência pessoal criada com o objetivo de dominação. Não serão somente as atividades racionais, com lindos argumentos teóricos, que mudarão essa realidade. É uma questão de sensibilidade e conscientização do limite de poder do homem em detrimento do direito das mulheres. É algo tão simples e tão radical, ao mesmo tempo.

"Sobre minha atuação estudantil eu não estou engajada, especificamente, em nenhuma organização. Embora respeite todas elas, prefiro agir no meio em que vivo, de forma a inspirar o respeito que toda mulher merece, em qualquer situação ou atividade que desempenhe. Quando questionada, tenho minha opinião formada. Sou positiva a ponto de saber que não transformarei o mundo e nem essa é a minha missão. Fico com a minha consciência tranquila por contribuir discretamente, mas firme e ardorosamente, para a minimização das diferenças existentes no trato entre homens e mulheres. Não me furto ao posicionamento que escandaliza alguns, mas toca o entendimento de tantos outros. Faço valer os meus direitos, na medida do possível."

Os conceitos, expressos de maneira suave pela amiga Gabriela, levavam ao coração do jovem amigo um fascínio que fortalece ainda mais os laços fraternos de uma amizade profícua e duradoura, como a que eles souberam muito bem construir. Arrematando a sua pequena aula sobre conceitos profundos, como há de ser uma relação que se alicerça na confiança e carinho mútuos, disse Gabi:

– Proponho um convite a você, dada sua juventude e interesse, para desenvolver um olhar diferenciado sobre esse tema. Torna-se fundamental ter olhos de ver e ouvidos de ouvir para abrir as janelas da alma ao universo imensamente grande e variado, onde comporta o inimaginável e a diversidade concorre para o aprimoramento de todos. Compreensão e respeito, liberdade e responsabilidade perfazem conceitos esquecidos nas ações diárias, mas fundamentais no aperfeiçoamento humano. À medida que progredirmos nesses quesitos, as pessoas alcançarão o galardão da paz, não desperdiçando energias com assuntos ultrapassados, fruto de preconceitos que tendem a cair na medida que avança a humanidade.

"Quantos nos têm à conta de bibelôs que nascem para enfeitar o altar de seus desejos, enquanto somos criaturas iguais às demais, sem atributos especiais e dispostas a contribuir na economia geral de toda a sociedade! Chorando e sofrendo, rindo e se divertindo, auxiliando e aprendendo, como deve ser constituída uma sociedade justa e igualitária, capaz de respeitar as diferenças e prover a dificuldade dos necessitados, nós seguimos. Realizando o preceito espiritual segundo o qual todos somos espíritos imortais, com a mesma essência e destinados ao mesmo fim, prossigamos quebrando barreiras e plantando a paz como última fronteira da felicidade eterna".

– Gabi, Gabi, Gabriela!!! Deixa te dar um abraço, minha amiga, minha irmã! A partir de hoje, minha anja! Serei eternamente grato por esta conversa. E estou matutando, aqui, que você deveria nos visitar lá na mocidade, matar a saudade dos velhos tempos e compartilhar com meus amigos a sua sabedoria. Será uma alegria só. Pense com carinho.

Ainda permaneceram conversando por um longo tempo. Deu para matar a saudade e encher o coração de alegria, reabastecendo de energias revigorantes para o decorrer dos dias. Uma conversa gratificante e produtiva rende inúmeros frutos nos corações atentos e dispostos a confraternizarem mutuamente. A amizade é como um jardim, quando não visitado para retirar os matinhos, a erva daninha cresce e afoga no esquecimento o prazer de fruí-la.

Ao regressar ao lar, a sensação foi aquela de haver acordado abruptamente de um sonho bom. Toda troca de experiências e conhecimentos contribui para agregar valores indispensáveis ao enfrentamento da vida e seus desafios inesperados. O retorno à realidade nua e crua impõe-nos a ocasião para fixar os novos conceitos a serem testados no convívio com familiares e nos embates naturais de almas que se ajustam, núcleo sagrado, oferecido por Deus a fim de acertar arestas e sedimentar afeições de tempos idos.

Arthur chegou revigorado e a efusão com que cumprimentou os pais e o irmão pequenino deflagrou um enorme bem-estar geral na casa, com um olhar diferente, agora disposto a dar um rumo novo à sua vida. Diante das novas perspectivas abertas, desde que iniciara o contato com o seu amigo desencarnado até a tarde daquele domingo, junto a sua amiga Gabi, reconheceu que a cada novo parecer sobre os aspectos de problemas íntimos e da sociedade, deveria proceder diferentemente. Não cabia mais o mesmo agir, dentro dele algo novo renascia, não saberia definir o que era e nem precisava, bastava sentir e viver um novo tempo. Agir, evitando as ações reativas que impregnam o automatismo da sociedade atual. Aceitar diversas possibilidades a cada situação.

Passara a notar que as pessoas e os problemas continuavam os mesmos, a distinção era que ele tinha mudado. Ao peso de uma forte resistência íntima, fruto da acomodação que a todos nos envolve, conseguira romper os liames de tal rejeição e, abraçado a um novo modo de ver e sentir, refletir e analisar os pormenores dos conflitos, renascera para um mundo até então desconhecido.

Foi dessa maneira que o jovem Arthur adormeceu, animado e ansioso para encontrar os amigos da mocidade e compartilhar com eles suas novas aquisições.

7
EU E O UNIVERSO

O dia transcorrera sem nenhuma atividade que merecesse registro. A rotina fora observada com regularidade. Arthur percebeu, contudo, que as horas passaram mais rapidamente. Ele realmente estava transformado. Um ar de satisfação acompanhou-o desde que acordara, durante o colégio e nas atividades extracurriculares. Ao chegar em casa, fez um lanche e foi se distrair nas redes sociais. Um jogo rápido em seu vídeo game e afundou-se em conversas com os amigos.

Sentiu uma vontade de ir até a área de lazer de seu condomínio. Há bastante tempo que não realizava um passeio noturno. Estava dentro de casa com a sensação de desconforto, mas não sabia explicar. Vestiu uma bermuda, ajeitou o cabelo e, arrastando seu chinelo, desceu.

A movimentação era intensa. Crianças brincando, jovens ouvindo música e cantando, rindo e se divertindo, enquanto no campo de *society*,[27] vários homens batiam uma "pelada". Arthur

---

27 Campo de futebol cuja modalidade jogam sete jogadores de cada lado, de forma retangular com grama sintética ou natural.

deu umas voltas distraidamente até que uma prancha de fazer abdominal[28] chamou-lhe a atenção e, irresistivelmente, como se uma força magnética o atraísse, despojou-se sobre ela, ficando com a barriga para cima, encarando o céu estrelado que mais parecia um cinema em 3D. Assim permaneceu por longos minutos, olhos fixos no firmamento. Conversando consigo mesmo, entretinha-se com o fulgor brilhante de cada estrela.

– E imaginar que cada pontinho branco significa um ente estelar, podendo ser uma estrela ou um planeta – tentou infrutiferamente contar cada uma, acabou percebendo sua inutilidade, o que não diminuiu o seu encantamento diante da abóboda tão iluminada. – Só mesmo Deus para criar tal beleza e harmonia. Teria feito somente para nos encantar?! Nesse campo infinito de possibilidades, a vida inteligente seria privilégio da Terra?! Por que não havia comunicação de outros seres conosco?! Ou já aconteceu e não houve divulgação?! O que teriam dito os seres extraterrestres?! Possivelmente, em sendo mais adiantados, trariam informações sobre a vida em seu mundo, além de conselhos para nós, terráqueos. Quem sabe eles entrem em contato comigo! Ou não! – começou a rir si mesmo.

E prosseguiu:

– Ouvi, outro dia, lá na mocidade, referência de um livro escrito pela mãe do Chico Xavier, como é mesmo o nome? Ah, sim *Cartas de uma morta*. A tia havia dito que era muito interessante. Vou perguntar ao papai e à mamãe se eles têm. Dá uma sensação de segurança pensar que não estamos sozinhos nesse universo tão grande... Jesus afirmou que "na casa de meu Pai há muitas moradas",[29] meu bom senso não entende a possibilidade de sermos únicos diante de tudo o que existe.

---

28 Trata-se de exercício localizado com objetivo de fortalecer e/ou desenvolver os músculos da região do abdome.

29 João 14:2.

Imerso nesses pensamentos, não viu a hora passar, até que uma voz suave e penetrante invadiu a sua mente. Identificou logo que era seu amigo desencarnado. Com a naturalidade desenvolvida nesse contato espiritual, desprovido de qualquer misticismo, preparou-se para ouvir as considerações de seu amigo, que o acompanhava nas divagações sobre o cosmos.

– O Universo, em sua infinitude, representa o campo de nossa percepção que damos conta de entender. A Terra é nosso lar, e o sistema solar nossa, família, todos interligados na espiral da Via Láctea, local apropriado às nossas descobertas e vivências para o autodescobrimento. Tudo na vida é movimento, nada permanece sem um propósito que, por agora, não compreendemos. Encanta sua grandiosidade, atesta nossa pequenez e nos liga aos escaninhos impenetráveis do próprio Deus. Experiência inebriante que se perde ante a simples vontade de registrar, na razão, através da fala ou da escrita. Sentir deve ser o único objetivo ao contemplar esse mar salpicado de estrelas! Silêncio e reverência diante daquilo que não compreendemos. Respeito e veneração ao que vai além dos limites do que percebemos. Ter a consciência de que somos bem mais do que sabemos e entendemos bem menos que desejamos.

“Meu caro Arthur, se você fizer uma pequena pesquisa sobre cosmologia, será capaz de identificar algumas galáxias que se desenham no céu, como irmãs que guardam suas especificidades no grande concerto divino, tal qual Betelgeuze, no distrito de Órion; Canópus, na região do Navio; Arctúrus, no conjunto do Boieiro; Antares, no centro do Escorpião;[30] Andrômeda, como a galáxia vizinha à nossa, distante cerca de 2,5 milhões de anos/luz. Dizem os cientistas que colidirá com a Via Lactea, mas somente daqui a alguns bilhões de anos. Já a estrela mais próxima de nosso sol é a Próxima Centauri, distante cerca de 4,22

30 Podemos encontrar essa referência no livro *Evolução em Dois Mundos*, psicografia de Chico Xavier, no capítulo I, “Fluido Cósmico”.

anos/luz, ou seja, aproximadamente 40 trilhões de quilômetros. Isso para retratar apenas a vizinhança de nossa galáxia."

– Por que sinto uma sensação de imenso deserto ao olhar fixamente para o céu? São tantos e tantos sóis e planetas que parece ter levado um sopro no coração! – pensava Arthur intempestivamente, como para aliviar uma pressão psicológica que ameaçava sua cognição...

– A resposta encontra-se dentro de você, assim como todas as outras que você vive buscando. Deus, sendo onipresente, descansa, calmamente, no seu íntimo aguardando o momento propício de ser revelado. Isso depende de seu esforço no desenvolvimento da sabedoria e dos sentimentos, fruto do tempo que se expande como o infinito do céu. Contudo, podemos levantar algumas possibilidades, pois o deserto pode ser considerado como o ambiente desprovido de um olhar atento para sua incansável atividade. Nossa mente não está acostumada a ver além do aparentemente vazio, mas repleto de vida e possibilidades. O deserto também representa a transparência que o espírito não consegue ainda suportar, o encontro consigo mesmo, sem as distrações da vida material e das ilusões que ainda convivem em sua mente. Representa o espaço limítrofe entre o oculto e o que será revelado, aquilo que há de ser, o imprevisível que mexe com o nosso comodismo. Em outro aspecto, o deserto retrata o silêncio ensurdecedor da consciência que faz barulho sem nada dizer. Enfim, um misto de aparente nada salpicado de vida abundante. Saiba que o Universo conhecido comporta aproximadamente 100 trilhões de galáxias, e isto representa somente 5% do espaço conhecido, ou seja, a ponta de um *iceberg*. O restante, a ciência denomina como energia escura e massa escura. Devido a esse fator imponderável, acrescido da pouca capacidade de percepção, a sensação de deserto reflete a dicotomia do que é infinitamente grande, frente aos padrões limitadores da razão humana.

– Essa sua explicação me deixou um pouco mais confuso... É possível uma coisa dessa?!

– Mas é claro – continuou o amigo, esclarecendo o seu ponto de vista. – Quando sentimos o desejo de racionalizar o imponderável, de entender o infinito, não deixa de ser uma prepotência do nosso ego em querer desvendar todos os mistérios que nos abraça a percepção. Isso dificulta e turba nossa compreensão. Importante deve ser o respeito a tão majestoso e miraculoso templo universal em que vivemos, capacitando as emoções para reverenciar e sentir sua incalculável grandiosidade. Nesse caso, não é necessário ver para crer, apenas abstrairmos o possível e rendermo-nos àquilo que nos escapa à devida compreensão. O sentimento alcança nuances inimagináveis. Exercite o silêncio e será capaz de absorver um pouco do engenho maravilhoso que é a nossa casa, o cosmos. Na medida em que confiamos e sentimos mais do que raciocinamos, as chances de compreensão aumentam exponencialmente. E quando você realmente se abstrair de todo desejo, alcançará, enfim, o pleno gozo da integração. Entregue-se, mas entregue-se de verdade, completamente, intensamente, e se surpreenderá com o que irá sentir, onde irá chegar.

"Por isso, a natureza nos ensina que tudo vem a seu tempo e hora, como esclarece tão bem o livro Eclesiastes, que compõe o Velho Testamento. Todavia, ansiosos como andamos e vivemos na atualidade, lançamo-nos imaturamente ao desejo infantil de tudo saber, apressadamente. Essa situação atrapalha o conhecimento, retarda o aprendizado. Não que o anseio de saber seja um impedimento, apenas não deve apressar o que o tempo necessita para ensinar. A conquista cada vez maior do que nos é desconhecido representa a presença divina desmistificando aspectos tidos e havidos como mistério impenetrável da divindade.

"Durante um período longo pelo qual a humanidade passou, numa história de muitos conflitos e guerras pelo poder, o divino era considerado intocável e somente os 'representantes de Deus' podiam revelar os mistérios da natureza. Com o passar do tempo, a ciência desempenhou o papel de revelação das leis naturais às quais estamos submetidos. O mistério foi ganhando ares de normalidade e começamos a assumir o nosso próprio destino. A luz brilhou nas trevas do obscurantismo devorador e o ser humano assumiu o protagonismo que a vida lhe reservou.

Intrepidamente, Arthur caiu em um choro convulsivo, sentindo-se um nada diante de todo esse Universo. Uma sensação de inutilidade e desespero, ao mesmo tempo. Chegara ao ápice de sua própria razão. Um vazio enorme preenchera o seu peito.

– E agora? – questionava no âmago do seu ser. – O que eu sou? O que estou fazendo aqui? O pouco que sabia nada vale diante do que existe. Sou um verme. Sou um ser desprezível... – assim ficou, até que seus sentimentos se esgotassem por completo.

Ouviu bela gargalhada que soou com frieza e ironia dentro dele. Era a voz amiga, que complementou:

– Muito bem. Tarefa cumprida. Somente a humildade será capaz de nos engrandecer verdadeiramente, tudo o mais é uma forma de espera. Esvazie-se do que você acha que sabe e do que é. Não coloque nada no lugar e Deus há de preencher tudo. Ele já ocupa esse espaço, mas você ainda não tem consciência disso. Na medicina, a pústula só consegue meios de se curar quando é espremida, deixando sair o pus da ilusão, para a realidade da transformação.

Nesse momento, o coração do jovem Arthur apaziguou-se e, mais calmo, sem as lágrimas que inundaram seus olhos, chegando a molhar sua camisa, continuou prestando atenção às palavras de seu amigo.

– Agora, pretendo mostrar-te que os padrões de medida na Terra estão muito aquém da realidade universal. A relatividade é uma lei admirável que precisamos utilizar para entender a nossa própria vida. Mudemos a lente de nosso olhar para o corpo humano, instrumento divino em nossas mãos, e nos surpreenderemos com tamanha verossimilhança com o Universo.

"Ao observar as micropartículas que compõem o corpo humano, você chegará às mesmas conclusões anteriores, só que de maneira inversa, pois diante delas somos um universo que as constrange. O corpo é constituído de sistemas, como o circulatório, o endócrino, o respiratório e assim por diante. Os sistema,s por sua vez, são organizados com órgãos devidamente hierarquizados que trabalham incessantemente. Tais órgãos são formados por células, e estas, por moléculas. As moléculas congregam uma infinidade de átomos.

"O filósofo Demócrito, discípulo de Leucipo, foi o primeiro a conceituar essas partículas microscópicas como sendo indivisíveis. Comparou-as com pombas que rodeiam os grãos de milho para se alimentarem.[31] Intuitivamente, fez uma descrição somente comprovada séculos mais tarde."

"Para se chegar ao conhecimento das partículas subatômicas como o muon, o méson e os quarks, além dos neutrinos e a chamada partícula de Deus – o Bóson de Higgs –, inúmeros cientistas, no decorrer dos séculos, deram a sua contribuição. Cito alguns para que você tenha a certeza que os trabalhos humanos são coletivos e complementares: sir William Crookes, sir Joseph John Thomson, Max Planck, sir Ernest Rutherfor, Niels Bohr, até chegarmos a Karl Heisenberg e Erwin Schrödinger, finalizando com o japonês Hideki Yukawa. Inúmeros outros continuam, na atualidade, estudando o intrincado mundo das partículas subatômicas.

31 Podemos encontrar essa referência no livro *Pensamento e vida*, de Emmanuel, no capítulo intitulado "Associação".

"Esses átomos, cujo centro é o vetor de convergência dos elétrons que giram em órbita elíptica, reproduzem o sistema solar em miniatura. São tão pequeninos que, se toda a população da Terra fosse de seu tamanho, caberíamos todos em uma cabeça de alfinete e ainda sobraria espaço. Uma partícula não esbarra na outra, senão teríamos um desastre atômico em proporções incalculáveis. O espaço que existe entre seus componentes é o necessário distanciamento existente entre todos nós, para que possamos desenvolver nossas potencialidades. Trabalhamos juntos, lado a lado, mas separados e individualmente. É assim que a evolução se expressa, de maneira individual e coletiva, ao mesmo tempo. Avançamos de maneira solitária, embora necessitemos do outro para exercitar a lei do amor que rege a vida em todos os seus matizes, pois quem ama, ama alguém ou alguma coisa. Somos seres sociáveis, juntos ganhamos em experiência e desenvolvimento. O espaço torna-se importante para que não sufoquemos, a respiração é fundamental para arejar as experiências enriquecedoras. Coletivamente, crescemos em relacionamento e respeito mútuo. Lembre-se de que nenhuma árvore se desenvolve à sombra de outra. Não se esqueça de que o descanso faz parte da arte de trabalhar e que nem todo trabalho significa movimento. Agir sem propósito é apenas movimentar energia sem agregar valor e utilidade."

– O que me diz? – indagou a seu amigo alado. Arthur ainda estava como que anestesiado. –Abrir as janelas para a viagem pelos mares encastelados do infinito requer preparo e disposição sincera para quebrar paradigmas, consciente de que a estrada será vencida ao lado de pessoas que ainda se encontram longe de desejarem conhecer todo o potencial humano a ser conquistado. A jornada evolutiva é um campo aberto com inúmeras possibilidades para viver. Alternativas não faltam ao que está disposto a se esforçar no autoconhecimento, abrangendo o micro e o macrocosmo.

Continuava o jovem adolescente em suas profundas reflexões.

– Qualquer padrão escolhido para seguir significa processo pedagógico de apropriação das riquezas estelares. São imprescindíveis, mas haverão de ser abandonadas rumo a novas descobertas. Eu quero!!! Eu quero!!! – bradou, empolgada, aquela alma inquieta com anseios nobres de querer saber sempre mais.

Rompeu o círculo dos próprios pensamentos, Arthur se dirigiu ao amigo:

– Gostaria de fazer mais uma pergunta. O que preciso fazer para ter uma vida plena?

A resposta veio direta e pronta, simples e profunda, como o questionamento expressado por ele.

– Viva!

Um silêncio constrangedor perdurou por um bom tempo, não sendo perturbado até que a sabedoria houvesse penetrado a mente e o coração de Arthur. Aquela mesma sensação do vazio no peito, só que agora com o agravante de ser tão profunda, que a respiração lhe faltou.

Seu amigo uma vez mais veio em seu auxílio e complementou:

– Não precisamos mais do que a vida nos oferece. Encontramos em seu bojo, desde que acordamos, todos os requisitos necessários para o bom desfrute. Carecemos é de silêncio e observação para interpretar e estreitar a distância que ainda existe em nosso querer infantil e o convite ao amadurecimento que ela nos oferece em abundância. Ter a mente aberta para a sua realidade. Aceitar todos os ensejos de aprendizado, os momentos felizes que são fugazes, as horas tristes que também vêm e se vão.

Compreendermos a vacuidade[32] dos objetos, apropriando-nos do que é essencial. "E o que é essencial é invisível aos olhos",[33] já dizia o poeta.

"Por hoje, chega. Vá descansar a mente e abrir o coração. Esvazie-se para que a sabedoria faça morada em sua ignorância. Faça-se pequeno para que a grandiosidade da vida possa falar por seus lábios e viver em seus atos. Renda-se ao grande cosmos."

E relembrando tempos antigos, vividos em irmandade, aquele seu amigo invisível proferiu esta frase em latim:

– *Id opus est*.[34] Esta é a obra.

A noite, com seus astros a iluminarem as consciências humanas aqui da Terra, permanecia indiferente às considerações levadas a efeito pelo jovem inquieto e seu amigo desencarnado. O Universo prescinde de nossa aquiescência para que estue em grandeza e harmonia. Levanta o sol no oriente, deita-se no ocidente, e o pulsar das estrelas permanece o mesmo. Demonstram indiferença ao que lhe endereçamos de aprovação ou rejeição. São o que são e pronto.

Levemente atordoado, Arthur retornou ao lar penetrando no ambiente doméstico um pouco abatido. Recolheu-se apressadamente ao leito, não sem antes tomar uma ducha confortante, com a qual ele esperava refrescar a mente.

Experimentou alguns minutos de profunda meditação e fez uma prece sentida, no intuito de aproveitar ao máximo a sua estadia no plano espiritual. Os olhos se fechavam sem que

---

32 Trata-se de um conceito budista referente à própria natureza da mente. A vacuidade significa possibilidade, ela permite que haja mais espaço – na verdade, que haja espaço ilimitado – para que as coisas surjam. É uma ausência de fronteiras.
33 Alusão ao livro O pequeno príncipe, de Antoine de Saint-Exupéry.
34 Tradução: "esse trabalho" (Disponivel em: https://mymemory.translated.net/pt/Latim/Portugu%C3%AAs/id-opus-est).

pudesse concatenar qualquer novo pensamento. Nos braços do sonho, viajou lentamente por paragens distantes, local aprazível no qual armazenou doces e interessantes acontecimentos. Haveria de ser grato pelos encontros construtivos realizados no período de sono.

8
O ENIGMA DO SONHO

Arthur acordou como quem regressa de terras longínquas, após longa viagem. Demorou para se apropriar completamente de seu corpo carnal. Suspirou intensamente, recobrando mui devagar a consciência de quem era e de onde se encontrava. Conferiu no celular o horário para ver se não estava atrasado, pois seu pai era rígido com o horário, e percebeu que acordara mais cedo do que de costume.

Paulatinamente, espreguiçou-se como um gato manhoso, esticando os músculos como a dizer que o dia seria puxado. Somente quando jogou água fria no rosto é que sentiu, claramente, que estava acordado e pronto para se desincumbir das tarefas cotidianas.

Aproveitou o tempo que faltava para o relógio despertar e consultou meticulosamente os seus pensamentos, a fim de buscar na memória os acontecimentos noturnos vividos, através das imagens retidas na mente. Embora o esforço intenso, não conseguiu lembrar de nenhum sonho, chegando mesmo a duvidar de que havia sonhado.

Um chamado no celular e foi logo conferir a mensagem que chegara no *WhatsApp*. Era Ferdinando, um amigo querido que lhe cumprimentava com um bom dia embaixo de uma mensagem que o deixou encabulado. Dizia assim:

> "Sonhei que era uma borboleta, e quando acordei
> vi que era um homem. Agora não sei se sou um homem
> que sonhou ser uma borboleta, ou se sou uma
> borboleta que sonha ser um homem."
>
> *Chuang Tzu*

Ficou por alguns minutos contemplando aquela mensagem enquanto se sentia preso por tal indagação filosófica, que poderia ser uma boa reflexão para levar ao professor de Filosofia na escola. Sonho... realidade... ilusão... dualidade... ficção... metempsicose... paradoxo... fuga da realidade existencial... crise... esses foram alguns dos conceitos que fervilhavam em sua mente. Finalmente, falou em voz alta:

– É possível uma coisa dessa? Chuang Tzu realmente sonhou ou apenas inventou essa história? E qual será o seu ensinamento? Serei capaz de desvendar ou precisarei de algum conhecimento específico para compreendê-lo? Qual a finalidade prática no meu dia a dia? Como saber?! – assim permanecia ele, além de tantas outras dúvidas que inundaram a sua mente inquieta.

O sonho, evidentemente, é uma expressão do inconsciente – do mundo psíquico – por meio de símbolos, fantasias, sentimentos ou pensamentos, pois o mundo psíquico é completamente simbólico. Ele é uma fonte de cura ou de crise, ao mesmo tempo. Cauteriza chagas e situações conflitantes, como também é fonte de quebra de paradigmas, representando o fechamento de um ciclo para o início de outras vivências. É um alerta que pode levar a um despertamento, buscando evidenciar o que precisa ser modificado.

O sonho é sempre atemporal, ou seja, engloba tanto o passado quanto o presente e o futuro. Se fosse uma sequência como as atividades diárias, lógicas, não seria sonho, mas apenas a continuidade da vigília.

Intensificou assim, em seu coração, os questionamentos, e continuou sua sina de desvendar o sonho de Chuang Tzu.

– Sonhar que era uma borboleta não poderia significar a necessidade de se desapegar das coisas terrenas e viajar nas asas do vento, entregando-se completamente ao que a natureza lhe oferece, sem desejar ir aqui ou acolá, mas confiando nas forças telúricas?! Ou poderia ser apenas um anseio de sua alma em desprender-se dos apegos materiais em comunhão com o Universo, em outras dimensões não acessíveis ao corpo físico?! Ou poderia ser a necessidade de transformação que uma lagarta passa para alcançar uma vida diferente do que havia experimentado até então?! Ou poderia ser a certeza de que, após um período de conflito, abrem-se no horizonte novas perspectivas nunca dantes imaginadas?!

"Por outro lado – continuou analisando intensamente –, poderia não ser nada disso, talvez, e com certeza – afirmou para si mesmo –, eu esteja 'viajando na maionese'.[35] Entretanto, esse mestre compartilhou com todos o seu ensinamento e, se ele chegou até os dias de hoje, foi porque tinha uma mensagem passível de ser apreendida por nós. Um propósito existiu para isso. E, assim sendo, o que ela significa para mim?!"

---

35 Expressão usada para indicar que alguém fez ou disse alguma coisa sem lógica ou sentido, como uma bobagem ou um absurdo. É usada também para afirmar que alguém está distraído, que não está prestando atenção ao que está acontecendo.

"Acho que, mais importante do que entender as razões que me levam a sonhar, é aproveitar a oportunidade de questionar o que eles estão a me dizer. Quais aspectos da vida estão obscuros na minha visão?! O que poderia aprender e que estou postergando? A vida é sempre um convite a ser mais e ir além, sempre além dos meus limites. E que cada um interprete para si o seu significado, aproveitando, na vida prática, o que o inconsciente está tentando revelar através de imagens desconexas da realidade objetiva. Aí, é cada um por si. Cada um com seus próprios sonhos.

"A confusão estabelecida entre um homem sonhando ser uma borboleta ou uma borboleta que sonha ser um homem, acho que ambos são uma e a mesma coisa."

Arthur continuou, assim, confabulando consigo mesmo. Nesse momento, veio à sua memória um amigo judeu estudante da Cabala,[36] que lhe ensinara a representação do número dois nos livros sagrados. O dois representa a unidade essencial, o que demonstra que são dois lados de uma mesma moeda. Nem dois, nem um. Estar além da dualidade, eis um grande desafio para a mente analítica. Sentir além do que supomos ser.

O relógio despertou-o para a realidade. Era preciso preparar-se para a aula, mudar de roupa, ajeitar a cama, arrumar a mochila, tomar café e dirigir-se ao colégio. Fazia tudo isso quase mecanicamente, pois sua mente estava nos argumentos que havia despertado sobre o sonho. Tudo o que pensara saiu de sua própria imaginação, mas o que diriam os entendidos no assunto? E a doutrina espírita?

---

36 A Cabala consiste num sistema filosófico-religioso judaico de origem medieval (séculos XII-XIII), mas que integra elementos que remontam ao início da era cristã. Compreende preceitos práticos, especulações de natureza mística, esotérica e taumatúrgica.

No percurso de sua casa até a escola, aproveitou a companhia do pai, indagando-o sobre o assunto. Seu pai, enquanto dirigia, foi esclarecendo Arthur nestes termos:

– Em *O livro dos espíritos*, no capítulo VIII da segunda parte, "Da emancipação da alma", Kardec questiona os espíritos sobre esse tema tão instigante.

– E o que eles falam, papai? Tanta coisa na minha cabeça que preciso de alguns esclarecimentos, senão acabarei achando que sou uma borboleta sonhando que sou um menino – e soltou uma grande gargalhada. Seu pai não compreendeu bem e fez cara de quem conhecia o filho que tinha.

– O tempo não concorre a nosso favor, poderemos desenvolver melhor o assunto no culto do lar desta semana. Adianto, entretanto, para que você não fique tão perdido em suas cogitações, o que de mais importante julgo compartilhar. O sono é um exercício para a morte, ocasião em que a alma, ou seja, o espírito encarnado, desprende-se parcialmente do corpo físico, ganhando a liberdade que se completará no momento da morte. Nesse desprendimento, podemos entrar em contato com outros espíritos, rever lugares já vividos, conhecer acontecimentos futuros e realizar diversas outras atividades.

"O sonho é uma realidade que o espírito vivencia sem contato direto com os órgãos físicos. Por isso mesmo é que muitas vezes não nos recordamos do que sonhamos, mas todos nós, indistintamente, sonhamos. O espírito não fica inativo jamais.

"A interpretação dos sonhos já é um outro papo. É necessário sensibilidade apurada e prática para não levar 'ao pé da letra' tudo o que ocorre nos sonhos. Há muita aberração nesse sentido, entende, meu filho?! – interrogou seu pai, buscando cativar, no coração do jovem, a importância da pesquisa e do bom senso no estudo das manifestações anímicas. – Conforme te expliquei, não existe ligação direta entre as imagens vivenciadas e o cérebro. Assim, sonhar com cobra não significa, necessariamente, traição; sonhar com cachorro não é sinal definitivo de que irão acontecer coisas boas em sua vida. Nenhum argumento é, por si mesmo, falso ou verdadeiro. Dependerá de cada um e o que representa isso em sua vida. O objetivo maior será sempre o de proporcionar um ensinamento ou alerta para pontos importantes a serem analisados e incorporados pela pessoa."

Arthur permanecia atento às palavras paternas, absorvendo seus conceitos e buscando decifrá-los. Ao mesmo tempo em que se encantava com as possibilidades que sobejam no ser humano e são ignoradas por grande parte da humanidade, as explicações continuaram:

– Quando O *livro dos espíritos* foi publicado,[37] ainda não existia a Psicologia Analítica desenvolvida por Carl Gustav Yung, um pesquisador do psiquismo humano e suas diversas manifestações. Dedicou-se ele a desvendar a relação entre os sonhos e os recados enviados pelo inconsciente, dentre outros assuntos ligados à psique. Trata-se de um material sobre o qual devemos nos debruçar, para esclarecer ainda mais os argumentos dos espíritos.

"Existe uma considerável diferença, por exemplo, entre os sonhos vindos do inconsciente e os chamados sonhos espirituais, bem como entre os desdobramentos, nos quais encontramos com outras pessoas reencarnadas ou mesmo desencarnadas. Além disso, em *O livro dos médiuns*, Kardec classifica um tipo especial de mediunidade, chamada *onírica*, ou seja, dos sonhos."

---

37 Lançamento ocorrido em Paris, no Palais Royal, na data de 18 de abril de 1857. O livro foi escrito na forma de perguntas e respostas. Sua primeira edição continha apenas 501 (quinhentas e uma) perguntas. Posteriormente, a edição definitiva foi publicada em 1860, reunindo 1019 (mil e dezenove) perguntas.

– E como fazer a distinção, papai? Parece-me muito difícil conseguir separar uma e outra coisa.

– Pode ser dificultoso, à primeira vista; contudo, a situação é mais fácil do que parece, pois no desdobramento ou no convívio com os espíritos desencarnados, a pessoa acompanha os acontecimentos no exato momento de sua ocorrência. Nos sonhos, nós só recordamos ao amanhecer e, geralmente, de trás para frente. Cabe anotar, ainda, outra particularidade entre eles. No segundo, existirão sempre paradoxos, quer dizer, situações que se contradizem por si mesmas, enquanto no relacionamento com os espíritos a lembrança é natural e não distorcida, sem absurdos.

Arthur deu-se por satisfeito. Entretanto, sempre tinha uma pergunta a mais para fazer, tornava-se obcecado quando queria entender os acontecimentos da vida. Sempre ia mais além e mais além, até que os próprios pensamentos acabavam se confundindo e o esgotamento lhe fazia companhia. Seu ímpeto também possuía momentos de muita lucidez, fazendo comparações interessantes entre suas diversas especulações.

– Papai, na semana retrasada, quando estudávamos o livro *Nosso Lar*, de André Luiz,[38] lá no culto, lembra? Então... ele relatou um sonho que tivera após o trabalho iniciado nas câmaras de retificação. Após uma oração singela – que você e mamãe sempre nos aconselham a fazer antes de entregarmos o corpo ao sono –, teve uma sensação de leveza e, logo após, fora arrebatado em um barco conduzido por Caronte,[39] aquele da mitologia grega! O barco subia e subia e André não tinha palavras para

38 *Nosso Lar* é um livro espírita, o primeiro de uma série de treze livros intitulada "A vida no mundo espiritual", também conhecida como Série Nosso Lar, psicografada pelo médium brasileiro Chico Xavier e publicada pela FEB.

39 Caronte é o barqueiro de Hades, que carrega as almas dos recém-mortos sobre as águas do rio Estige e Aqueronte, que separavam o mundo dos vivos do mundo dos mortos.

descrever as belezas que passavam diante de seus olhos, até que chegou a um porto. Encontrou-se com sua mã, e tiveram momentos felizes que o encheram de fortalecimento para os embates futuros.

"Papai! Um detalhe em especial me chamou a atenção nesse caso, e não o percebi até este momento, em que me esclarece com carinho e atenção essas novas questões relativas ao sonho. Se André havia deixado o corpo espiritual ou perispírito lá nas câmaras de retificação, o que havia se desprendido dele? O sonho do espírito desencarnado tem os mesmos propósitos que o nosso"?

Sem mais detença, o pai procurou esclarecer a interessante dúvida de Arthur, pensando consigo mesmo:

"Esse menino é mesmo especial, parece muito comigo quando era jovem. Não se contenta com o que lhe é proposto, querendo sempre mais, quase indefinidamente, buscando apreender o que a sua cabecinha ainda não consegue suportar, tampouco seus sentimentos estão maduros o bastante para apropriar-se da própria vida. Ah, a adolescência, período de intensas modificações no âmbito material, emocional, intelectual e espiritual. Bendita seja a vida e sua proposta de mudança constante! O futuro pertence aos jovens e, sucessivamente, a nós próprios em retorno constante à carne, através da reencarnação. Somente eles são capazes de contestar a ordem vigente e promover o futuro com os seus devidos avanços. Jesus passou a sua jornada cercado de jovens."

Depois de realizada a elucubração, esclareceu:

– Os espíritos também sonham, meu filho. O perispírito, ou corpo espiritual e incorruptível, como declarou Paulo de Tarso,[40] é fracionável em tantos outros que ainda precisamos estudar. André Luiz deixa claro que seu corpo denso ficou lá

40 I Coríntios, 15: 53 e 54.

embaixo nas câmaras de retificação, enquanto o mais sutil subia num barco.

"Assim como as imagens propostas pela alma com o fito de nos auxiliar – a partir dos sonhos –, podemos inferir que a subida ao lado do barqueiro significa a importância de deixar para trás o que para trás ficou, nos moldes do ensinamento de Jesus: 'deixai aos mortos o cuidado de enterrar os seus mortos'.[41] André, desde que foi acolhido em Nosso Lar, esteve às voltas com o desejo de saber como haviam ficado os familiares que deixara na Terra. Dessa forma, o encontro com sua mãe pode representar o seu *self* [42]dizendo para ele: 'suba, eleve-se, esqueça a vida que passou e mire o futuro a ser conquistado'. O futuro pertence a quem avança descolado das coisas do passado.

"André Luiz, recém-chegado a Nosso Lar, iniciou seu aprendizado na área da medicina espiritual ajudando a cuidar dos espíritos adoentados, em suas dependências, pois aqui na Terra, como médico, jamais executara tarefas que são desenvolvidas por enfermeiros, técnicos de enfermagem e pessoal da limpeza. Ele era médico; entretanto, não tinha a devida capacidade para exercer os seus conhecimentos rudimentares, aqui da Terra, no ambiente espiritiual. É que pouco sabia a respeito do espírito imortal, tamanho foi seu apego à casca obscura do corpo humano. Ao retornar para o plano espiritual, começou a aprender a difícil lição da humildade. Perante Deus, somos todos iguais e necessitamos largar o orgulho e a vaidade, que nos domina na carne, para trás.

– Papai, papai! Mas que interessantes as suas colocações a respeito do sonho dos espíritos. Jamais imaginei que eles também dormiam e se desdobravam e sonhavam... Então, eles são mesmo muito parecidos conosco!?

---

41 Lucas, 9: 60.

42 Conceito utilizado pela Psicologia Analítica, que significa aquilo que define a pessoa na sua individualidade e subjetividade, isto é, a sua essência.

– E deveria ser diferente? Somos seres humanos na hercúlea tarefa de conhecer a nós mesmos e evoluir para a conquista do universo que nos pertence. Eles simplesmente vivem uma experiência numa dimensão mais sutil que a nossa, mas são gente como a gente!

E seguiu o pai, esclarecendo:

– Meu filho, este seu papo sobre os sonhos me trouxe inúmeras recordações à mente. Como é bom aproveitar o tempo com diálogos benéficos, que engrandecem o nosso dia a dia, além de nos sintonizarmos com energias positivas capazes de trazer bem-estar.

"Li, certa vez uma frase do compositor e poeta Gibran Kalil Gibran,[43] em que ele dizia:

"Como posso perder minha fé na justiça da vida,

quando o sonho dos que dormem num colchão de penas não são mais

belos do que os sonhos dos que dormem no chão?"

– Muito maneiro! – prorrompeu Arthur, subitamente. – Sensibilidade apurada, a desse tal de Gibran. Deve existir um lugar, não sei se aqui ou acolá, não sei se neste mundo ou mais além, não sei precisar se nesta dimensão ou em outra, onde as diferenças somente refletirão as escolhas de cada um, e não a falta de oportunidades para viver com dignidade, pois, essencialmente, todos nós somos um – completou o raciocínio como que inspirado por forças astrais.

43 Nascido em Bsharri, a 6 de dezembro de 1883, morreu em Nova Iorque no dia 10 de abril de 1931. Foi ensaísta, prosador, poeta, conferencista e pintor de origem libanesa.

Arthur não perdeu o pique e continuou falando:

– O professor de filosofia, com o qual terei aula hoje, nos ensinou que Diógenes,[44] o filósofo grego, dizia que não era nem ateniense, nem grego, mas sim um cidadão do mundo. Isso para demonstrar que todos somos de uma mesma linhagem, a humana. Influenciou a escola filosófica do estoicismo, que defendia a tese segundo a qual cada pessoa pertence a duas comunidades: a comunidade local do seu nascimento e a toda a comunidade humana. Em outras palavras, foi o mesmo que disse Gibran.

"Olha que interessante – continuou Arthur, buscando na memória as palavras de seu professor. – Uma vez, Diógenes encontrou-se com Alexandre, o Grande, aquele das grandes conquistas da Ásia e norte da África, que era o rei do reino antigo da Macedônia. Disse-lhe, então, ao contemplar uma montanha de ossos: 'Estou à procura dos ossos de seu pai, mas não posso distingui-los dos de um escravo'.

"Ah! Eu adoro Filosofia, e ainda bem que teremos aula hoje, não vejo a hora de aprender um pouco mais sobre a mitologia grega. O senhor conhece, papai?

Mas não deu tempo de seu pai responder, pois haviam chegado à frente da escola e Arthur deveria descer do carro. Deu um beijo em seu pai e foi-se para a escola encontrar com seus amigos e cumprir a rotina que lhe cabia.

---

44 Também conhecido com o epíteto de "o Cínico'" foi um filósofo da Grécia Antiga. Nasceu na Turquia, em 412 a.C., e morreu na cidade de Corinto, em 323 a.C.

9
AULA DE FILOSOFIA

O burburinho dos alunos na escola permanecia como uma caixa de abelha. A diversidade de conversas e brincadeiras não despertava maiores atenções do enigmático Arthur. A frieza das paredes e a aspereza do piso não retratavam o intenso calor que ia em sua alma. Tudo parecia do mesmo jeito, a não ser o seu coração palpitante, que alimentava de oxigênio os neurônios atribulados em seu cérebro, como uma caixa de ressonância dos pensamentos rebeldes, como ele próprio.

Antes mesmo de começar as aulas, Arthur lembrava que seu pai comentara, outro dia, sobre a figura imponente de Martin Luther King Júnior[45] e seu discurso que entrou para a história. Jovem pastor afro-americano, foi um dos grandes líderes na luta contra a discriminação racial nos Estados Unidos.

E tem gente que não aprecia a história! Tantos são os que construíram as bases da sociedade em que vivemos, tantos que lutaram e morreram por um ideal, tantos que renunciaram a

45 Foi um pastor protestante batista e ativista político estadunidense que se tornou a figura mais proeminente e líder do movimento dos direitos civis nos Estados Unidos, de 1955 até seu assassinato, em 1968.

uma vida familiar para defender o direito dos relegados, tantos que abdicaram de seus próprios direitos em favor do bem coletivo... e tantos que continuam nesse processo que parece não ter fim...

O sinal toca, hora de retornar à sala de aula, o que interrompeu as ilações do jovem Arthur. Contudo, teve tempo ainda de balbuciar a frase que ficou marcada nos lábios de Luther King:

– "Eu tenho um sonho, que um dia, nas colinas vermelhas da Geórgia, os filhos de ex-escravos e os filhos de ex-senhores de escravos possam se sentar juntos à mesa da fraternidade."

O professor de Filosofia já os aguardava assentado atrás de sua mesa, passando os olhos em seus apontamentos. A turma foi se achegando, cada um ocupando o seu lugar de costume. Não demorou muito e as considerações sobre mitologia começaram a ser explanadas.

– Já falamos na aula passada que mito é uma palavra oriunda do grego *mythos,* cujo objetivo é explicar a origem e existência das coisas. Este procedimento foi utilizado por muito tempo até que, por volta do século VII a.C., essas explicações começaram a não satisfazer os primeiros filósofos gregos, conhecidos como pré-socráticos, que passaram a exigir explicações fundamentadas na razão, e não mais em histórias sobrenaturais sobre deuses.

"Importante destacar, ainda, o papel moral desempenhado por essas histórias sagradas, que eram contadas pelo *rapsodo* – uma pessoa escolhida pelos deuses para ser intermediário dos esclarecimentos. Assim, eram ditadas as normas morais que regiam o viver das pessoas, dos costumes e das leis. Em síntese, quem verdadeiramente orientava as leis a serem seguidas era o *rapsodo* sob o interesse dos que comandavam a sociedade, enquanto os deuses eram a base que sustentava esse imbróglio."

Como um bom filósofo que era, logo estimulava a participação dos alunos:

– Eu propus uma pesquisa sobre os fundamentos do teatro grego na última aula, quem gostaria de começar a compartilhar?

Stella Maris logo pegou a palavra e foi falando, sem maiores cerimônias:

– Professor, estive lendo a respeito e vi que o teatro grego, também conhecido como teatro clássico, é bem diferente do que nós conhecemos, hoje em dia. Ele tinha uma configuração pedagógica, com objetivo de esclarecer sobre temas diversos, tais como respostas aos questionamentos da alma humana, sua origem e destino, dentre outros. Surgiu na mesma época da democracia. Além disso, achei superinteressante saber que o teatro nasceu na religião órfica[46] – com destaque para as homenagens ao deus Dionísio[47] –, ligada à espiritualidade e aos mistérios. Então, eu te pergunto: por que, na Idade Média, ele foi totalmente execrado? Outro ponto que acho importante ser destacado é que as peças teatrais eram divididas em tragédias, dramas e comédias. Confere, professor?

Muito bem, Stella, sua pesquisa destaca pontos interessantes que podemos discutir. O processo histórico está a contento, visto não ser nosso objetivo descer às minúcias sobre o teatro grego, mas analisar sua importância para a sociedade grega e como ele chegou até nós.

---

46 Orfismo é o nome dado a um conjunto de crenças e práticas religiosas originárias do mundo grego helenista, bem como pelos trácios, associada com a literatura atribuída ao poeta mítico Orfeu, que desceu ao Hades (deus do mundo inferior e dos mortos) e voltou.

47 Dionísio é, na antiga religião grega, o deus dos ciclos vitais, das festas, do vinho, da insânia, do teatro, dos ritos religiosos, mas sobretudo da intoxicação que funde o bebedor com a deidade.

Seu auge se deu no século V antes de Cristo, sendo Ésquilo[48] a figura mais destacada, junto a outros, é claro, como Sófocles,[49] Eurípedes etc. E sobre a divisão entre tragédia, drama e comédia, alguém poderia trazer algum esclarecimento?

– Ei, professor! – interrompeu Stella, meio afoita. – E a minha pergunta sobre a Idade Média? Estou curiosa, porque desconfio de que houve interesses de dominação da parte dos poderosos da época.

– Já ia esquecendo, fizestes bem em me interromper. E sua colocação está totalmente correta. Realmente, a cultura grega e, mais especificamente, o teatro grego, levavam até aos cidadãos o ato de reflexão sobre os aspectos importantes da vida, bem como a possibilidade de diminuição dos conflitos sociais pela técnica da discussão e enfrentamento dos conceitos primordiais à convivência em sociedade. Em última instância, exercitavam e estimulavam, na população, o ato fundamental do pensamento para resolução e aplicação do que era de interesse coletivo.

"Você mesma disse que foi nesse período que surgiu a democracia. Esta significa o poder que é exercido pelo povo. Existem diversas possibilidades, desde a democracia pura e direta até à que temos hoje em muitos países e, mesmo entre estes, as diferenças na sua aplicação permanecem grandes. Naquele tempo, os cidadãos se reuniam, então, no Partenon.[50] Proposto um tema, discutiam qual a melhor decisão a ser tomada. Hoje em dia, nós elegemos representantes em nível municipal, estadual e federal que ficam responsáveis pela discussão e redação das leis.

48 Um dos poetas trágicos mais conhecidos da Antiga Grécia, Ésquilo nasceu em 525 a.C., em Elêusis.
49 Sófocles (497 a.C. – 406 a.C.) foi um dos três grandes dramaturgos da Grécia antiga, juntamente com Eurípides e Ésquilo. Sua obra-prima, *Édipo Rei*, consagrou-o como o maior poeta trágico da Antiguidade Grega.
50 Paternon é o nome de um templo, erguido no século V a.C. na Acrócpolis, uma montanha localizada no centro da cidade de Atenas, e cuja estrutura, apesar do tempo, conflitos e poluição, ainda se encontra preservada.

E prosseguiu o professor esclarecendo:

– Retornando à questão da Idade Média e à restrição que ela impôs ao teatro nos moldes como foi estruturado pelos gregos, não podemos deixar de trazer, como parte importante nesse contexto, o domínio que o Império Romano exercia em toda a Europa. Fizera-se aliado da Igreja Católica em relações obscuras e espúrias. Desta forma, configurou-se um tempo de perseguição e proibição da manifestação cultural, que levava questionamentos aos povos dominados, o que não interessava aos poderosos. Quem pensa, questiona, cobra, duvida e exerce poder. Tudo isso ia de encontro ao domínio constituído e restrito nas mãos de quem dominava. Tão devastadora foi essa constituição, exercida na Idade Média, que esses séculos passaram para a história como o Período das Trevas. Tudo esclarecido ou restou alguma dúvida?

O olhar dos alunos demonstrava que muitas questões ficaram sem compreensão, além do que o processamento de tantas informações encontrava resistência para se acomodar dentro de cada cérebro. Percebendo a situação, o professor, com sua acuidade pedagógica, procurou acalentá-los:

– Calma. Nada de desespero. Todo conhecimento necessita de tempo para ser devidamente absorvido. Assim como o vinho precisa do prazo adequado para fermentação e, posteriormente, de descanso para apurar o seu sabor, as informações que nos chegam, em avalanches todos os dias, também carecem de tempo para serem devidamente incorporadas pelo nosso cabedal intelectual, até que sirvam de base para as decisões que a vida nos propõe.

– Minha Nossa Senhora do Perpétuo Socorro! – exclamou Afonso, com ar lamurioso. – Lá vem o professor misturar Filosofia com vinho, não vejo a graça!

– Pois saiba, meu nobre aluno que a Filosofia significa amor ao saber e que saber, sábio e sabedoria possuem a mesma raiz da palavra sabor. E o que isso significa? Respondo sem demora. Para extrair o melhor sabor dos alimentos, eles precisam ser degustados, necessitam de paladar apurado, assim como o conhecimento, filosófico ou não, necessita de absorção, avaliação e sensibilidade.

– Aêêêêê, professor! – exclamou uma voz no fundo da sala e, antes que se iniciasse qualquer balbúrdia em desrespeito ao colega Afonso, o professor foi logo ralhando com a turma:

– Toda manifestação aqui na minha aula é bem-vinda. Se tem alguém nesta sala que se acha detentor de todo conhecimento, que venha aqui na frente dar aula e eu mesmo me assentarei para aprender. Simples assim. Não existe pergunta mais importante que outra; todas, mas todas, mesmo, possuem o objetivo de trazer luz ao que não foi bem explicado por mim.

Após um silêncio constrangedor, redirecionou a aula para a discussão em foco:

– Agora, me digam: o que encontraram sobre a divisão do teatro entre tragédia, drama e comédia?

Foi então que Ferdinando, o amigo de Arthur, procurou responder assumindo ares de intelectual:

– Consegui encontrar o significado de tragédia para os gregos e, como disse Stella, é também muito diferente do que entendemos hoje. Eles discutiam os assuntos atinentes ao que é extrassensorial, metafísico. Aliás, o que é metafísico, professor?

Sem mais delongas, o professor esclareceu que a metafísica era considerada uma subdivisão da Filosofia que compreendia o estudo das experiências além dos sentidos físicos, suprassensível ou mesmo transcendente. Em outra linguagem, dedicava-se à análise dos grandes arquétipos humanos. Exemplos: o belo, o justo, o verdadeiro, o amor, a morte, quem somos, de onde viemos etc.

Arthur não perdeu a oportunidade e, levantando a mão, perguntou o que seriam os arquétipos humanos.

– É um conceito junguiano[51] de representação simbólica de padrões e tendências do comportamento humano, com a característica de serem universais. Todos os povos de todos os tempos trazem, em sua cultura, essas representações. Devolvamos, porém, a palavra ao Ferdinando, para não perdermos "o fio da meada". A Filosofia, com seus diversos questionamentos, pode nos levar a um emaranhado capaz de fazer-nos perder a essência do que desejamos compreender. A Filosofia não dispensa disciplina e foco, além de humildade e cabeça aberta para aquilo que ainda não somos capazes de entender. De acordo com essa ciência, tudo são pressupostos, dispensando qualquer argumento como absoluto.

Retomando a palavra, continuou Ferdinando:

– Então, enquanto a tragédia tratava do transcendente, o drama discutia elementos do nosso dia a dia, como alegrias e tristezas, o bem e o mal em nossas relações sociais. Por último, a comédia, que tinha como objetivo desdramatizar, trazendo de forma mais suave características de nossa personalidade que não gostamos de ver apontadas pelo outro.

Agradecendo a participação dos alunos que expuseram suas pesquisas, prosseguiu a aula como um maestro orquestrando uma ária.[52] Tirava sons melódicos de onde não se esperava tanta harmonia.

---

51 Relativos aos estudos do fundador da Psicologia Analítica, Carl Gustav Jung.

52 Parte da música de uma ópera composta para ser cantada ou recitada por somente uma pessoa.

– Com essas duas falas, podemos perceber que o teatro na Grécia não tinha o objetivo do entretenimento como entendido nos dias de hoje, mas era, sim, uma etapa importante na formação do cidadão, uma ferramenta educativa de auxílio no desenvolvimento de toda a sociedade. Destaca-se, nesse contexto, o sentido alquímico do teatro, subsidiando a transformação de conceitos moralmente aceitos à época, bem como sua integração com o próprio sentido da vida e do existir.

"A experiência teatral era tão importante para eles que se buscava exaltar as sensações e emoções humanas com uma estrutura de apresentação que, se fosse hoje, chamaríamos de superprodução *hollywoodiana*. Os teatros chegavam a ter cavernas em se simulava o barulho dos mares, dos ventos e tempestades. Um palco repleto de cenografia desenvolvida por artistas consagrados pela sociedade, nas artes plásticas.

"Aliado ao talento dos atores, que eram poucos, utilizavam-se de *personas*, isto é, máscaras que representavam diversas personagens, junto a uma história com teor altamente filosófico e instrutivo. As pessoas, ao saírem dos espetáculos, sentiam como se tivessem vivenciado as cenas ali retratadas. Suas vidas ficavam marcadas através da sensibilidade, o que as levava a refletir sobre os temas propostos e modificar suas posturas em relação a si mesmas e aos outros. Além do mais, também estimulava à conquista de diversas virtudes, ou mesmo que se expurgassem males, os mais diversos. Enfim, o teatro grego era fundamental na vida social e política dos cidadãos.

"Outro ponto, que é importante destacar, são alguns conceitos que estudaremos mais adiante e que não poderia deixar de introduzi-los desde já. São eles: realidade e ilusão, concreto e imaginário, objetivo e subjetivo. As encenações, embora fictícias, traziam a realidade na mente do público. Nosso arcabouço mental não consegue distinguir se as sensações vividas são fruto de atividades ocorridas na matéria orgânica ou advindas de imagens criadas por uma encenação. Isso é realmente magnífico, e os gregos souberam tão bem se apropriar dessa arte, que proporcionaram aos seus cidadãos uma das maiores conquistas do ser humano: pensar, refletir, admirar, modificar, encantar-se!

"Nenhum outro ser da natureza, aqui na Terra, possui a capacidade de admirar sua própria criação. Senão vejamos: alguém já viu um João de barro, após finalizar a construção de sua casa, voar até um galho defronte e ficar admirando a beleza e a harmonia de sua construção?! A arte é um atributo somente concedido a nós, seres humanos dotados de um cérebro desenvolvido a ponto de conseguirmos abstrair conhecimentos, tanto quanto enaltecer a beleza."

A turma pareceu ficar atônita, podia-se ouvir o ruído das respirações. Nesse momento, Arthur já era um vulcão em erupção. Sua cabeça não parava de girar, pensava e sentia a ponto de perceber seu coração pulsar no pescoço. Num suspiro mais audacioso, todos ouviram um "Ah...". Sem demora, ele aproveitou o silêncio e expôs a sua dúvida:

– Professor, 'tô' encucado aqui com a revelação de que os atores eram poucos e, por isso mesmo, utilizavam-se de diversas máscaras para representarem diversos personagens. Estaria errado entender que as máscaras ou personas, como explicou, são as diversas formas que nós encontramos para descrever ou mesmo esconder o que somos internamente, adaptando-nos às conveniências sociais?

– Seu argumento faz todo sentido. Aliás, o termo personalidade, estudado pela Psicologia, é definido como a melhor representação do eu frente à necessidade de adaptação e convivência com a sociedade em que vivemos. É, em última instância, o que ele pensa que é. Na verdade, pode ser considerado uma multiplicidade de pessoas em uma só, pois somos fruto da individualidade e recebemos a influência da coletividade. Cabe acrescentar, nessa simbologia, a figura do ator que se utiliza das máscaras, que são mutáveis e adaptáveis a cada circunstância, enquanto o indivíduo é um só. É a essência do ser humano que não muda, o eu profundo, a alma, o espírito, o *atma*[53] ou qualquer outra palavra que represente a essência de nós mesmos.

"Mais alguma dúvida a respeito do que estamos conversando, sobre o teatro grego?"

Rapidamente, Magali levanta a mão esquerda e manifesta sua dúvida:

– Como pode uma tragédia, expressando cenas profundas de dor e sofrimento, regadas a sangue e assassinatos, mortes violentas e desfechos inesperados, levar as pessoas a uma reflexão filosófica a ponto de modificarem as suas atitudes frente à vida?

Arthur sentiu-se intimamente satisfeito ao observar que existem jovens pensadores como ele, que dedicam um tempo a transitarem por caminhos não convencionais. Elaboram também linhas de raciocínio fora do comum, o que para muitos representa alienação, descaso ou mesmo acomodação para não enfrentarem resistências. Ser normal, como os demais, é fácil; audacioso é ser singular, diferente. Essa identificação que ele fazia, naquele momento da aula, oferecia-lhe um frescor diferente em sua alma. Descobrir que não está sozinho na multidão chega a ser um consolo.

– Como faz bem perceber que a filosofia está se incorporando à vida de vocês – deixou o professor extravasar a sua alma, nesse instante, como se fora um aluno também, e não o responsável pela disciplina. – Sinto-me elogiado com uma pergunta desse quilate! Mas vamos ao que interessa.

53 Palavra proveniente do sânscrito para definir alma, também pode ser traduzida como *atman*.

"Magali, aqui encontramos a essência da Filosofia incorporada às artes. Não devemos fazer uma interpretação rasa dos conceitos abordados, senão estaremos deixando de aproveitar o potencial de reflexão e transformação que você mesma destacou. O sentido figurado de todos os acontecimentos encenados carrega, no seu bojo, uma transcendência ante a qual precisamos silenciar nossos preconceitos, a fim de captar os ensinamentos a ele vinculados, sorvendo-os como fazemos a um saboroso chá.

"Lembram que nossa amiga Stella se referiu ao início do teatro como um acontecimento religioso? Pois bem, antes de irmos a uma cerimônia, é de praxe que nos preparemos adequadamente para acolher seus ensinamentos. Isso inclui a roupa apropriada, a concentração e a cabeça aberta para novas experiências, inclusive para quebrar paradigmas. E ainda o silêncio e o respeito ao que é misterioso, pois não devemos ter a pretensão de tudo saber.

"Nesse ambiente propício a novas descobertas e vivências profundas da alma, os símbolos se expressam em todos os seus contextos. Esclareço: os fatos encenados e as personagens necessitam ser observados sob uma ótica abrangente, além da fala em si. Seus gestos, suas expressões fisionômicas e até mesmo o que não dizem estão carreados de significações. A dor, a morte e o sofrimento, por exemplo, fazem parte desse contexto.

"Não devemos entender a dor apenas como consequência física, efeito de uma atitude inadequada. É preciso extrair o que os gregos entendiam como dor e sofrimento. Ela sintetiza um aprendizado que fica marcado naquele que a vivencia intensamente. Leva-nos a entender novas nuances que a saúde e o prazer não são capazes de ensinar. A dor é característica comum a todos os seres viventes, ou seja, é inevitável, enquanto o sofrimento torna-se uma escolha decorrente do modo como encaramos sua companhia. A isso chamamos resiliência, que é a capacidade de renovar-se apesar das feridas causadas por uma dor.

"A morte não fica atrás, é outro movimento inseparável da vida. Ninguém escapa ao seu abraço, mas torna-se possível fazer dela um portal, que mudará o patamar em que se compreende a realidade que se vive. Quanta comoção sentimos quando nos deparamos com o cadáver de um ente querido estirado em um caixão, a imaginar que, pouco antes, ainda vivo, desfrutava de carinho e afeto dos seus amados. É mesmo impactante essa sensação. É impossível mesmo ficar impermeável ao encontro da morte. Tocando as fímbrias da própria alma, ganhamos quando absorvemos o seu impacto sem o sentimento infantil da revolta.

"Diante de tudo isso, um dos objetivos da tragédia era despertar, na plateia que assistia atentamente ao espetáculo, a virtude chamada compaixão. Essa virtude é capaz de sacudir nossos sentimentos egoístas, fazendo-nos acordar para as necessidades alheias. A consequência será o exercício da solidariedade e da fraternidade que caracterizam uma sociedade evoluída, sedimentando assim a importância do coletivo em harmonia com as necessidades individuais.

"Agora, partamos para a mitologia grega num dos seus mais conhecidos relatos: a história de Édipo Rei! Quem já ouviu falar?!"

Algumas mãos fizeram anunciar os seus desconhecimentos. O professor, então, revirou os olhos em sua órbita, como a buscar reminiscências profundas em sua memória, e começou a encantar os seus alunos.

10
ÉDIPO REI

Um *frisson* inundou a turma por completo na expectativa da história que o professor, com seu magnetismo pessoal, conseguiu imprimir na mente daqueles jovens promissores.

Compenetrado, ele começou sua explanação:

– O filósofo Aristóteles afirmou ser *Édipo Rei*, escrito pelo poeta Sófocles, o maior exemplo de tragédia grega, incorporando todos os aspectos que foram bem discutidos aqui, hoje, em sala de aula. Daí vemos a importância desse épico espetáculo, que resistiu ao tempo e, após mais de vinte e três séculos, continua inspirando autores, peças teatrais e até novelas.

"Existem diversas traduções diretas do grego, algumas deixarei escritas aqui no quadro como referência para posterior leitura. Nunca se esqueçam de que, embora toda interpretação seja digna de respeito e proveitosa, quando lemos o texto direto na fonte, uma nova perspectiva se abre para cada um. Isso porque não existe somente um ponto de vista e, menos ainda, o melhor ponto de vista. Já expliquei e repito: o ponto de vista é, foi e sempre será a vista de um ponto só. Ninguém possui a primazia da verdade absoluta.

"Antes mesmo de apresentar, para vocês, o relato resumido desse espetáculo, gostaria de destacar que o mito é um relato, fruto do entendimento de toda uma comunidade no decorrer de muitos anos. Sófocles apenas escreveu segundo sua sensibilidade. Todos os escritores tinham, à época, liberdade para manipular as histórias dos mitos difundidos pela sociedade. Para se ter uma ideia, há cerca de 400 anos a.C., encontramos referências ao mito de Édipo nos escritos de Homero, na *Ilíada* e na *Odisseia*."

– Professor, quer dizer que as construções literárias são fruto de entendimentos passados e também coletivos?

– Sem generalizações, observa-se que o conhecimento humano é fruto do acúmulo do ensinamento dos antepassados, preparando o caminho e abrindo horizontes, desfiando a mentalidade estabelecida em prol do novo. Desse modo, entende-se que nenhum autor é totalmente senhor de suas ideias, ou seja, não pode ser considerado 100% original. O aperfeiçoamento é inerente ao próprio tempo, que se renova numa sucessão inesgotável, para além do fim do mundo – sem saber ao certo o significado de fim, a não ser sua proximidade com o início. Princípio e fim, alfa e ômega são uma e a mesma coisa. E o que está além das concepções dualistas? Ah, essa é outra história...

"Retornemos. A epopeia completa de Édipo é composta por uma trilogia: Édipo rei, Édipo em Colono e Antígona. Uma das principais inovações descritas por Sófocles é o deslocamento das ações humanas da decisão dos deuses para a individualidade pessoal. Os deuses já não são mais protagonistas interferindo nos costumes e alterando os destinos humanos. Eles já não decidem o que devem ou não devem fazer, o que podem ou não podem praticar, o que é justo ou indevido; enfim, não mais julgam as atitudes dos homens.

"Édipo era rei de Tebas, uma cidade às voltas com uma série de catástrofes, como seca, doenças e até mulheres que não conseguiam mais gerar filhos por falta de nutrição. A população tebana julgava que isso era uma maldição lançada pelos deuses para castigá-los, mas era somente uma presunção, pois nada poderia comprovar tal assertiva.

"O rei, sendo chamado a tomar providências, procurou seus assessores mais diretos com o fito de analisar a situação. Destacou seu cunhado Creonte para ir ao templo de Apolo, a fim de consultar o oráculo sobre o que se cumpriria fazer para salvar a cidade. Ao retornar, mais que depressa disse ao rei:

"'Trago uma resposta favorável, pois acredito que mesmo as coisas desagradáveis, se delas nos resulta algum bem, tornam-se uma felicidade'.

"Alguém se oferece para comentar essa frase?"

Dessa vez foi Israel quem assumiu o chamado, dizendo:

– Ter consciência daquilo que nos interessa, que nos toca de perto, que é capaz de modificar nossas atitudes, embora seja desagradável num primeiro momento, é capaz de acarretar felicidade, dado que esclarece o que estava escondido. Traz à luz o que deve ser revelado.

Destacou ainda:

– Tudo que nos faz bem é bom, independentemente de sua fonte. O resultado vale os esforços da conquista. A dor, física ou moral, compensa a felicidade conquistada. Não devemos aguardar da vida somente os dias bons, toda meta alcançada é consequência de luta e perseverança.

– É isso mesmo, meu caro Israel! Podemos inferir, desse modo, que, quando vocês recebem a notícia de uma nota baixa, conquanto seja imensamente desagradável, principalmente se estudaram com afinco se preparando para a avaliação, devem todos agradecer ao professor a revelação de que precisam estudar um pouco mais...

Ouviu-se um burburinho geral na turma, como se tivessem ensaiado um coro: "Ahhhhhhh...", junto ao qual se ouviram gargalhadas nervosas de desprezo e irritação pela fala do professor.

– Assim não vale! Aí já é demais! Com essa ninguém contava! Poxa vida, professor! Conta outra! – foram algumas das frases que prevaleceram no ambiente da sala.

O professor fez que não entendeu, deu de ombros e continuou a história:

– Creonte afirmou que deveria ser punido o homem que matou o antigo príncipe Laio, que outrora havia reinado naquelas terras. Édipo, enfaticamente, assume a responsabilidade de, junto à população, descobrir o seu assassino e vingar a morte, seja ele quem for, para o bem de toda a nação. Não imaginava que assim assinava sua própria condenação:

"[...] eu não recuarei diante de obstáculo algum!
Com o auxílio do Deus, ou seremos todos
felizes, ou ver-se-á nossa ruína total!'"

– Vê-se aí o comprometimento de sua palavra empenhada em conformidade com todos os cidadãos – continuou o professor, explicando. – O rei não se excluiu da tarefa difícil e árdua, qual seja, a de encontrar o culpado por uma morte ocorrida há tempos. Mal sabia ele que, no futuro, deveria culpar a si mesmo por tamanha tragédia em sua vida influenciando, inclusive, a vida de seus súditos.

"Entra na história o personagem Tirésias, um velho cego, profeta, revelador das previsões oraculares através dos pássaros. Mas ele se recusa a revelar o que sabia, dizendo que seria prejudicial a ele e ao próprio Édipo. Este, contudo, investido das prerrogativas de juiz, como função de seu reinado, insiste que revelasse o que sabia, ameaçando-o de morte. Foi nesse momento que Tirésias revelou que o profanador de toda a cidade era ele, o rei. Fora ele mesmo que matara o príncipe Laio e, cumprindo sua promessa, deveria não mais dirigir uma palavra a qualquer cidadão tebano, pela honra de seu nome e respeito à história da cidade.

"Édipo dispara um tanto de impropérios contra o cego, afirmando que ele e seu cunhado Creonte eram os responsáveis pelo assassínio de Laio. Tirésias afirma:

> "'Creonte em nada concorreu para o teu mal,
> tu somente és teu próprio inimigo.'

O professor fez uma breve pausa, a fim de deixar que o suspense aguçasse a inda mais a curiosidade da turma.

– Muito significativa essa fala do cego Tirésias – prosseguiu assim o professor que levava aos alunos uma oportunidade única de viajar à Grécia Antiga. – Detectamos um paradoxo profundo, aqui. O cego que consegue vislumbrar o futuro e enxergar os problemas atinentes a toda população, desacreditado pelo rei que, todo poderoso e enxergando, não consegue ver a própria desgraça. Enxergar nem sempre é ver, e estar cego pode representar a capacidade mais acurada de perceber a realidade.

"Édipo acredita no oráculo que prediz a necessidade de punir um assassino, mas descrê de um profeta que revela ser, ele, o autor de tal mazela. Fica implícito que ninguém é responsável pelos acontecimentos positivos ou negativos que atingem nossas vidas, dependendo única e exclusivamente da forma como lidamos com os fatos. O ato de viver é de total responsabilidade do ser vivente. Todos buscamos inimigos na figura de outra pessoa, enquanto nós somos os artífices da felicidade ou infelicidade de que desfrutamos na vida. O outro se torna apenas um reflexo das projeções que trazemos no íntimo.

"Tirésias sai de cena, porém não sem antes revelar que Édipo não é estrangeiro, mas tebano de nascimento, sendo, ao mesmo tempo, irmão e pai de seus filhos, bem como filho e esposo da mulher que lhe deu a vida, tendo profanado o leito de seu pai, a quem matara."

Outro suspiro coletivo foi ouvido na sala de aula. É tragédia demais para uma pessoa só! A que ponto chegam os tormentos de uma alma? Parece inconcebível uma sequência de despautérios como esses!

– E não se esqueçam de que nós somos Édipo. A sua vida é um retrato do destino humano. Ninguém consegue fugir do seu destino, de sua sina. Querendo ou não, gostando ou não, ele é implacável. O melhor a fazer é aproveitar cada experiência, a fim de adquirir habilidades e competências que nos permitam viver a vida abundantemente.

Diante do tamanho de tal tragédia, a cabeça de Arthur dava voltas e mais voltas para conseguir domar as referências que o professor esclarecia, com seus conhecimentos espíritas. Pensava que o amor, em qualquer expressão, não consegue se afastar do sacrifício e da renúncia, que são seu corolário. Jesus havia dito: "porque eles, vendo, não veem",[54] o que destaca em muito a posição do cego Tirésias em contraposição à de Édipo. Os inimigos internos sobrepujam os externos e a oração dominical ressalta o "não nos deixeis cair em tentação",[55] isto é, as pessoas serão tentadas pelas forças que abrigam em seu próprio ser, mas torna-se fundamental a resistência, quando a tentação aparece materializada na figura de um inimigo. E o destino? Será ou não será uma fatalidade? É objeto comum a todos os seres ou será maleável de acordo com o livre-arbítrio?

Um vulcão em erupção representa bem a situação íntima do menino Arthur. Nem um tsunami[56] faria tamanha revolução dentro dele, pois que a história de Édipo mexia de maneira especial com sua sensibilidade. Logo teria a oportunidade de trocar umas ideias com o seu amigo desencarnado, ocasião em que derramaria uma enxurrada de perguntas até que secasse sua fonte de angústia.

O professor, então, tomando um fôlego a mais, continuou discorrendo sobre o enredo que tanto impressionava os jovens alunos, atentos aos fatos improváveis que se desenrolavam nessa história.

– Após uma discussão acalorada entre Édipo e seu cunhado Creonte, entra em cena Jocasta, a esposa do rei, procurando amenizar os ânimos e dissolver a discórdia em sua família. Esclarece que seria impossível a realização da profecia de Tirésias, pois Laio – seu primeiro marido – não foi morto pelo seu filho, senão por assaltantes numa tríplice encruzilhada, quando saíra de Tebas em excursão com seus homens de confiança. Seriam absurdas as palavras do velho cego. "É certo que Laio e eu tivemos um filho – continuou Jocasta sua explicação para os fatos

54 Mateus, 13:13.

55 Mateus, 6:13.

56 Vaga marinha gigantesca, provocada por erupção vulcânica ou movimento de terra submarinos.

em voga –, mas meu marido amarrou as articulações de seus pés e ordenou que mãos estranhas o precipitassem em uma montanha. Destarte, um filho morto não tem a capacidade de matar seu próprio pai." Com essas palavras concluiu seu raciocínio, demonstrando a impossibilidade de tal profecia.

"Édipo fica admirado com o desenrolar da história narrada pela sua esposa e declara:

"'Como esta narrativa me traz a dúvida ao espírito, mulher! Como me conturba a alma!...'

"Entra em ação, aqui, aquilo que chamamos intuição ou sexto sentido, que não é mais do que o aflorar de situações já vividas, guardadas no inconsciente, que surgem por gatilhos emocionais na forma de sensações agradáveis ou incômodas. Tem o poder de auxiliar aqueles que abrem sua percepção para tais sensações. É uma bússola a indicar uma alternativa sem, contudo, significar uma imposição."

O professor retoma, então, sua narrativa:

– A pedido de Jocasta, o rei esclarece seu mau presságio a respeito de sua própria situação diante do inquérito que ele havia instaurado diante de toda a população tebana. Começa a falar, relembrando que seu pai era Políbio de Corinto e sua mãe, Mérope, e que, numa noite festiva, um homem bebera em excesso e dissera que ele era um filho enjeitado. Procurou no outro dia se entender com seus pais, revelando o insulto que recebera na noite anterior. Eles se irritaram com o autor da ofensa. Édipo, entretanto, inquieto como sempre foi, e à revelia de sua mãe, dirigiu-se ao templo de Delfos para obter respostas. Lá recebeu informações de que inúmeras desgraças configuravam em seu futuro. Desassossegado, ouviu que mataria seu próprio pai, consorciando-se com sua mãe, e que teria uma prole condenada. Procurando evitar tal situação, foi-se embora, guiado pelas estrelas, para bem longe de Corinto, disposto a nunca mais voltar, rechaçando assim os presságios de Delfos. Foi quando chegou à tríplice encruzilhada. Fustigado por um tropel que por ali passava, após alguns golpes, matou vários homens.

"Desse modo, deu continuidade às suas lembranças: 'se o homem que matei foi mesmo Laio, que maior maldição terei eu, por minha própria decisão ser exilado e condenado a jamais retornar à minha pátria de origem, visto não desejar matar meu pai, Políbio, e casar-me com minha mãe? Haverá alguém mais infeliz do que eu? Existirá um deus tão malvado assim a dirigir tanta desdita nas costas de um pobre homem?!'

"Jocasta, com toda sua astúcia, procurou tranquilizar o coração de seu marido e rei, proclamando uma teoria que veio ao encontro de seus propósitos:

> "'De que serve afligir-se em meio de terrores, se o homem vive a lei o acaso, e se nada pode prever ou pressentir.'

"Procurando afastar as consequências de suas atitudes passadas, a rainha de Tebas argumenta ser, a vida, um jogo de forças casuais no qual todos somos atores pré-programados, sem nenhuma capacidade de escolha sobre os acontecimentos. Dessa maneira, de que vale preocupar-se com os fatos e decisões tomadas, se todas elas estão fora da capacidade do ser humano decidir? Não tendo responsabilidade pelas atitudes, por que preocupar-se com suas consequências? É melhor viver e não pensar.

"'Oh, sim, ainda resta a esperança de que o homem que sobreviveu ao massacre venha revelar as minúcias do acontecido e resolver as incógnitas que pairam neste ambiente' – referiu-se

Édipo sobre os acontecimentos que atordoavam a sua alma. Enquanto aguardam a chegada do escravo, surge um mensageiro de Corinto trazendo a notícia de que o rei Políbio havia morrido. Com veemência, Édipo passa a desacreditar dos deuses, visto ele não ter matado o seu pai. Foi quando o mensageiro revela ao rei tebano que ele não era filho legítimo de Políbio, mas que o recebera de suas próprias mãos quando então encontrara-o na grota de Citeron, com as extremidades dos pés perfuradas. 'Levei-te ao rei de Corinto e esse o criou como se seu próprio filho fosse', revelou, então, o mensageiro."

Nesse momento, a sala de aula parecia mais um teatro assistindo ópera: nenhum sussurro, por mais baixo que fosse, conseguia-se ouvir. A impressão era mesmo a de que os alunos, temporariamente, haviam deixado de respirar, tal o impacto que a tragédia causava sobre suas sensibilidades. Até os alunos mais inquietos misteriosamente se encontravam extasiados.

O professor prosseguiu:

– Após o assassinato de Laio, Édipo chegou à entrada de Tebas e defrontou-se com a esfinge, aquela que tinha um corpo de leão com rosto de mulher e asas de águia, e que vivia interpelando os transeuntes, dizendo: "Decifra-me ou te devoro". Essa incômoda figura aprisionava os tebanos, até que chegou a vez de Édipo ouvir-lhe o seguinte enigma:

"'Que animal anda de quatro patas pela manhã,
com duas patas à tarde e com
três patas à noite?'

"Foi nessa ocasião que o futuro rei de Tebas decifrou o enigma e, sob o patrocínio dos deuses, libertou os tebanos da crueldade e submissão que a Esfinge lhes impunha."

– Diga-nos, professor, sem mais mistérios, qual a resposta para esse enigma? Afinal de contas, que bicho é esse? Longe estamos de ter a sabedoria de Édipo, tampouco o amparo dos deuses – falou outro aluno, inspirado pela envolvente história de Sófocles.

– Pois é, meus caros alunos, a resposta é simples, mas profunda. A esfinge se referia ao ser humano, esta obra inigualável da natureza. Encontram-se, nesse enigma, as raízes da teoria darwiniana da evolução, expressa de forma inequívoca. Quando nascemos, engatinhamos com os quatro membros apoiados no chão, preparando a epopeia de crescimento e a evolução que nos aguarda. Quando adultos, referindo-se à tarde, andamos sobre os dois pés, efetivando as experiências intensas através do convívio social. Ao anoitecer, representando a velhice e o desfrute do que foi realizado, tem-se a bengala como apoio indispensável ao corpo que pede descanso. Eis a grande obra da vida: nós mesmos!

"Sigamos com a história, pois muitas coisas haverão de acontecer ainda. Vocês não perdem por esperar."

Ante o vivo interesse e a empolgação demonstrados pelos alunos, o professor deu sequência a sua narrativa:

– Édipo torna-se, então, rei de Tebas, casa-se com a mulher de Laio, que é sua mãe, e com ela tem quatro filhos, que são, também, seus irmãos, duas mulheres e dois homens.

"O escravo, único sobrevivente do embate entre Édipo e Laio, na encruzilhada tríplice, é chamado ao palácio e revela que apenas um homem assassinou o rei. Fica provado, dessa maneira, que a profecia dos oráculos se cumprira e que o velho cego Tirésias estava correto em sua argumentação, firme em sua versão, ao invés de se render ao poder do rei, a fim de salvar a própria vida. Esse é um exemplo que devemos guardar para

O professor preparou-se com todo zelo, encheu os pulmões numa respiração profunda, como a buscar, nos arcanos do próprio ser, as melhores palavras que inspirassem seus alunos, quando se ouviu o barulho da campainha encerrando a aula. Quebrado o encanto, os alunos começaram a se levantar, indo em direção ao corredor, enquanto outros arrumavam seus cadernos de anotações.

Houve tempo, ainda, dele dizer:

– Continuamos na próxima aula, não se esqueçam de ler a peça de Sófocles no *site* que eu disponibilizei.

11
O PÉ DE FLAMBOYANT

Chegada a hora do intervalo, Arthur, como de costume, foi fazer seu lanche à sombra de um flamboyant secular, que era uma das marcas da escola. Sentou-se e começou a pensar na aula dada pelo professor de Filosofia, ficando assim por algum tempo, até que a voz de seu amigo se fez presente dentro de sua cabeça:

– Acompanhei com vivaz interesse a aula sobre a tragédia grega. A peça de Sófocles traz reflexões peculiares sobre a vida em seu contexto interdimensional. Retrata, com um vigor que encanta, o drama das personagens envolvidas numa teia que, aparentemente distante, as aproximava em demasia, assim como acontece conosco, aqui na Terra. Diariamente nos defrontamos com pessoas que interferem em nossas vidas muito mais do que desejamos ou mesmo imaginamos. Algumas vezes diretamente, outras indiretamente. São os caminhos insondáveis do destino humano, rumo à conquista de si mesmo e de sua casa universal, que paira além da capacidade de nossa imaginação.

– Acalme o seu coração! Se você não tem palavras para descrever um simples raio de sol, não tenha a pretensão de compreender o astro rei em sua magnitude. Contente-se com o balançar da natureza, que te oferece, aos poucos, aquilo que você tem capacidade para entender. E quando chegar ao fim do que deve entender, então ficará deslumbrado, percebendo que terá início, enfim, tudo aquilo que você deve sentir. Isso porque, além do saber e do sentir, existe o ser, remetendo-nos ao conceito de Deus, qual seja: Deus é. Sem maiores divagações, simplesmente assim. Tudo que venha a explicá-lo, além disso, passa, em realidade, a limitá-lo. A mente e a vida são a mesma coisa; quando conseguir essa compreensão, a leveza tomará conta de ti.

"A ansiedade de aprender desmesuradamente também retarda a compreensão integral das coisas. Procure viver sem pensar ou classificar. Sinta o vento e não o qualifique de bom, refrescante ou incômodo, apenas sinta, entregue-se a essa experiência e talvez, com o tempo, entenda que o vento e você são uma só e a mesma coisa. Desse modo, a natureza, um dia, poderá se expressar através de ti. Experimente, não aceite uma teoria sem vivenciá-la. Um grande nadador só o é depois de inúmeras vezes mergulhar e treinar as suas habilidades, mas nunca conseguirá resultado satisfatório se ficar apenas lendo, no manual, qual a melhor metodologia para se nadar."

Os esclarecimentos vazavam na cabeça de Arthur como uma cachoeira, cuja torrente de água estivesse além da capacidade de suportar o impacto causado. De qualquer maneira, não perdia um argumento de seu amigo, atento a todos os detalhes, que não paravam de fluir.

– O conhecimento é uma magia que encanta a mente, eleva o pensamento e faz viajar em sua companhia, tal a leveza que oferece. Tudo, porém, é relativo, podendo ser um peso desagradável quando venha nos prender nas teias dos raciocínios sem fim. Uma sucessão interminável de pensamentos que não chega a lugar nenhum. Mais uma vez lhe digo: entregue-se e confie na vida, integre-se e sinta o poder infinito do universo.

A comunicação intertemporal e interdimensional com seu amigo desencarnado dava-se numa esfera tão surpreendente que Arthur tinha a sensação de que estavam conversando há horas, quando, em realidade, apenas alguns minutos haviam se passado.

O tempo não existe, somos parte integrante dele, nele vivemos e nele nos movemos. Sua relatividade é proporcional à importância que lhe dispensamos. Em síntese, nós somos o próprio tempo.

– Estou sem palavras – disse Arthur. – Você me jogou um balde de água fria. Tão animado me encontrava e agora me sinto, como dizia minha avó, como um cego no meio do tiroteio, totalmente sem rumo.

Antes mesmo que as lamentações pudessem ganhar proporções indesejáveis e infrutíferas, seu amigo lhe fez uma pergunta:

– De que maneira essa tragédia de Édipo encontrou abrigo em suas emoções? Não desejo referência ao que outros já falaram a esse respeito, mas o que você conseguiu apreender.

– Além de todos os questionamentos que invadiram minha cabeça, senti um misto de encantamento e tristeza. Pode isso? Mas foi o que senti. Pensar que o ser humano é o mesmo há milênios; que a sociedade se renova muito vagarosamente; que os conflitos pessoais permanecem; que a luta pelo poder continua ardente no mundo atual; que a tecnologia não foi capaz de aplacar a grande desigualdade social; e que o mundo em que vivemos é somente reflexo dos anseios e desejos que a mente estrutura...

"Tomemos o caminho que Deus quiser". Frei Masseo questiona: "E como poderemos saber a vontade de Deus?" Francisco disse: "Pelo sinal que eu vou mostrar". Solicitou assim que o seu discípulo tomasse um pedaço de pau e colocasse a sua cabeça nele em direção ao chão, rodando sem parar até que ele mandasse interromper os rodopios. Como sabemos, essa brincadeira de criança nos leva a vários tombos, não foi diferente com o Frei. Mesmo assim, caindo e levantando não parou até que Francisco desse a ordem. Dado o comando, pergunta: "Voltado para onde está o seu rosto?" Masseo respondeu: "Para Sena." "Sigamos pois o caminho que Deus nos apontou, certamente o trabalho nos espera."

"Assim foi feito e, chegando lá, a cidade estava em conflito interno entre os seus moradores a ponto de dois homens já estarem mortos. Após uma pregação inspirada de Francisco, os ânimos se acalmaram e a paz foi retomada.

"Podemos observar, nesse simples relato, o ápice da confiança na divina presença e integração com Deus. Jesus, outrora, havia afirmado que Ele e o Pai eram um. Não se referia, o Mestre, a serem ambos um só, mas a trabalharem em completa afinidade a ponto de os interesses serem completamente idênticos. Assim como você se referiu anteriormente, Arthur, qualquer caminho que eles tomassem seria de proveito para ambos. Sabendo disso, e completamente entregue aos desígnios da transcendência, fez de uma simples brincadeira, cuja natureza era pureza e obediência, o instrumento para exercer sua função na pregação do Evangelho.

"O simbolismo do centro é fundamental em nossas vidas. Giramos em torno dele e quando o encontramos dentro de nós mesmos, a base para as conquistas inimagináveis está devidamente instalada. Veja que o sol tem, ao seu redor, uma família de astros vinculados ao seu fulgor e sustentados energeticamente por ele. O pedaço de pau em que Frei Masseo apoiava sua cabeça representa o centro diretor de nosso corpo, assim como a mente é o centro orientador da alma, configurando o poder que emana em forças centrífugas ao círculo magnético que o orbita. Sabemos que o círculo é a soma de pontos equidistantes do centro magnético ao qual se vincula; relembremos o célebre conceito de Santo Agostinho sobre Deus: 'Deus é um círculo infinito cujo centro está em toda parte e cuja circunferência não está em lugar nenhum'.

"Francisco elevou ao máximo o conceito de fé e de confiança, não desejando nada além da oportunidade de trabalho fecundo junto aos corações necessitados. Entregou-se por completo, vivendo cada dia como se fosse o último, máxima apregoada pelo zen budismo. Somente o tempo e o acúmulo das experiências serão capazes de nos aproximar dessa excelência de vida. Comecemos pelas pequeninas atitudes do cotidiano e, naturalmente, nos harmonizaremos ao interesse coletivo, a partir da aquiescência de todas as atividades que se nos apresentem.

"Agora, que tal falarmos do cego Tirésias? O médium que enfrentou o rei porque suas faculdades constituíam sua própria vida. Estava implícita, em sua atuação, a vivência do que sentia. Mediunidade é assim, ou você tem, ou você não tem. Se tem, assuma-a; se não a tem, não simule."[58]

– Ótima proposta, meu caro amigo – asseverou Arthur. – A cegueira é, para inúmeras pessoas, um acontecimento infeliz que os acomete. A visão é uma das faculdades que nos trazem encantamento pela a vida, estimulando o desenvolvimento de habilidades no meio deste mundo material e concreto. Como

58 Em *O livro dos médiuns*, de Allan Kardec, temos a seguinte afirmação: "Todo aquele que sente, num grau qualquer, a influência dos Espíritos é, por esse fato, médium. Essa faculdade é inerente ao homem; não constitui, portanto, um privilégio exclusivo. Por isso mesmo, raras são as pessoas que dela não possuam alguns rudimentos. Pode, pois, dizer-se que todos são, mais ou menos, médiuns".

sensoriais, ou mesmo incorporá-la como um instrumento capaz de abrir as comportas da sensibilidade humana. Fica a cargo de cada um a escolha da trilha a seguir, na exemplificação do caminho tríplice de Édipo Rei que, após sua aparente desgraça, retira a luz que sua retina identificava exteriormente para mergulhar nos arcanos de si mesmo, buscando desvendar o grande mistério da vida gravado no mundo interior."

O dia transcorreu com o jovem Arthur imerso num mar intenso e profundo de novas aquisições pessoais. Como se vivesse em dois mundos, ligou o modo automático para as atividades corriqueiras, enquanto sua mente desbravava possibilidades inigualáveis repletas de convites audaciosos para uma real transformação de si mesmo.

12
UMA CONVERSA SOBRE OBSESSÃO

Chegada a hora da mocidade, Arthur dirigiu-se à sala de evangelização, enquanto seu irmão cantava junto a outras crianças. Seus pais ficaram no grande salão para assistir à palestra doutrinária da noite.

Tendo cumprimentado todos os amigos diletos de maneira carinhosa, cerrou os olhos para a prece inicial, acompanhando, concentrado, as palavras de elevado teor espiritual. Sempre esperava a reunião de mocidade com certa ansiedade, a fim de propor questões relevantes à sua percepção, discutindo com os amigos sob a supervisão dedicada de seus orientadores. Sentia a mocidade como um oásis no deserto da cidade em que vivia, ocasião em que os jovens podiam, abertamente e sem nenhuma restrição, tocar em qualquer assunto que os interessassem. Nada havia que fosse proibido discutir e ponderar. Nada mesmo! Não era uma reunião de doutrinação, catequização ou mesmo de evangelização, mas um encontro cujo objetivo era o esclarecimento, o apoio, o acolhimento, em contraposição aos

"O filme *Nosso Lar*, por exemplo, é excelente, mas não dispensa a leitura do livro, que oferece mais detalhes e ensinamentos, o que não se consegue em um filme, somente. Outra coisa são os diversos filmes que existem por aí, em especial o de terror narrado aqui, que não tem nenhum compromisso com os ensinamentos espíritas. Algumas vezes, podem ser considerados espiritualistas; contudo, estão longe de retratar, com fidelidade, o que realmente acontece na relação entre encarnados e desencarnados. Eis a primeira lição.

– Então, podemos concluir que existe muita fantasia nesse filme, correto? – perguntou Davi.

– Perfeitamente. Eu não assisti ao filme; entretanto, pelo relato da Helena, percebe-se o grande teor apelativo cinematográfico para vender uma história que impressiona os sentidos, que entretém e diverte, apenas. Retirando a dramaturgia de cena, pouco fica de proveitoso, em termos doutrinários.

"Vejamos o que podemos extrair de útil das questões levantadas. Primeiro ponto: um espírito atormentar toda uma família. Totalmente possível, é mais comum do que se possa imaginar. Isso acontece pelo fato de ser um espírito envolvido emocionalmente com todos os membros do clã, ou mesmo por aproveitar do espanto geral para chamar atenção de alguém em especial, geralmente envolvido nas teias de outras vidas.

"Segundo ponto: um espírito fechar uma porta sem que ninguém consiga abrir. Não encontramos nada que sustente tal atitude. Embora haja interdependência entre nós e eles, a liberdade para agir é uma determinação das leis eternas. Encontramos, nas edições da Revista Espírita e em *O livro dos médiuns*, inúmeros casos de espíritos batedores com diversas peculiaridades, mas o que têm em comum é a necessidade de recursos doados por um médium, muitas vezes inconscientemente, conhecidos como ectoplasma.[62] Num desses casos, narrado por Kardec, a ação do espírito durou por oito anos.[63]

"Cabe lembrar que a Revista Espírita é uma coleção das revistas que Kardec escrevia para aprofundar temas expostos em *O livro dos espíritos*, além de responder cartas de inúmeros leitores de todas as partes do planeta. Elas foram agrupadas e divididas em edições que correspondem a cada ano. Vão desde 1858 a 1869. Curioso destacar que, quando o senhor Allan Kardec desencarnou, em 31 de março de 1869, a revista de abril já estava no prelo para ser distribuída. Isso demonstra a disciplina do codificador com os seus trabalhos. Outro detalhe é que a revista possuía um subtítulo, que era 'Jornal de Estudos Psicológicos'."

– Mas, tia Maria, o que é ectoplasma? – questionou Arquimedes, meticuloso como só ele sabia ser.

– Sem adentrar nos detalhes técnicos, pois não é o objetivo nesta noite, tanto quanto pelo tempo escasso para estudá-lo, pode-se definir o ectoplasma como sendo uma substância sem forma, incolor e fria, que se desprende do corpo do médium em abundância, servindo de matéria-prima para vários tipos de efeitos físicos, dentre eles as materializações. Tem ligação com o duplo etérico, que vem a ser um corpo energético que acompanha o físico, analogamente, e se dissolve no éter quando este morre.

---

62 O ectoplasma é uma substância ainda pouco conhecida, que flui para fora do corpo humano do médium ectoplasta (médium de efeitos físicos), por meio da sua manipulação, seja pelo inconsciente, seja por inteligências externas encarnadas ou desencarnadas. A partir dele, ocorrem fenômenos de ordem superfísica, incluindo a materialização ou ectoplasmia, que pode ser parcial ou completa.

63 Ver, em *O livro dos médiuns*, capítulo cinco, "Das Manifestações Físicas Espontâneas", o seguinte trecho: "Na Revue Spirite se encontram narrados muitos fatos autênticos deste gênero, entre outros a história do Espírito batedor de Bergzabern, cuja ação durou oito anos (números de maio, junho e julho de 1858)".

– A outra opção que temos é o espírito obsessor insistir na efetivação de seus desejos espúrios, qual seja, a ruína total de seu inimigo, com um golpe final de sua morte. O livre-arbítrio, que é atributo de todos nós, determina o direito de qualquer um influenciar a vida alheia. Chegar a tomar conta de sua mente, determinando atitudes e manipulando sua vontade, é fator que compete a cada um se prevenir. Embora em *O livro dos espíritos* esteja claro que os espíritos (desencarnados) influenciam em nossas vidas, sendo, de ordinário, eles que nos dirigem,[64] a vontade firme e o pensamento reto auxiliam na higienização mental capaz de evitá-los. Parece-me que ficou esclarecido mais este ponto.

Maria já fora também frequentadora das mocidades em sua juventude e jamais esquecera a importância que seu evangelizador teve em sua vida, quando propôs que lessem literatura não espírita para discussão nas reuniões de mocidade. Um escândalo numa época em que os jovens não tinham o papel que hoje possuem no movimento espírita. Ele não se abalava com a repercussão e perseverava em sua pedagogia. Hoje, no plano espiritual, com toda a certeza, colhe os frutos dos tempos idos na figura de sua aluna, agora orientadora, repassando o mesmo método de ensino e perpetuando a necessidade da diversidade para incentivar a pesquisa. Em sua empolgação, encontrava-se a empatia pelos alunos. Continuou, assim, a sua explicação:

– Por outro lado, ninguém, entre encarnados e desencarnados, tem a capacidade de determinar a direção que o espírito imortal, criado por Deus, e que somos nós, deve seguir. Pode, no máximo, influenciar e, para isso, damos o nome de obsessão, que é uma ação pertinaz que busca anular a vontade de outrem. Destaquemos que esse domínio é sempre temporário e só con-

---

64 *O livro dos espíritos*, questão 459: "Influem os Espíritos em nossos pensamentos e em nossos atos? 'Muito mais do que imaginais. Influem a tal ponto, que, de ordinário, são eles que vos dirigem'".

segue efetivar-se pela lei inderrogável de afinidade, que está na base de todo processo de obsessão. Essa vai da mais simples à mais complexa, chamada de possessão.

"A possessão já faz parte do outro tópico. Já estudamos esse tema aqui na mocidade, devem se lembrar. Quem se oferece? Vamos lá, o espírito pode ou não pode tomar o corpo de outra pessoa?"

Dessa vez foi Joana quem assumiu a palavra. Dirigindo-se a todos com seu doce olhar, disse:

– Somos individualidades criadas por Deus com o objetivo de atingir a perfeição e, para isso, nos foi imposto o processo de reencarnação, através do qual, unidos à matéria, o espírito se molda, adquirindo competências e habilidades necessárias ao progresso. Cada corpo físico comporta somente um espírito, o que inviabiliza um espírito vir e tomar posse do corpo de outra pessoa – olhava atentamente para seus amigos, buscando a aprovação silenciosa que permitisse o fluir de seu raciocínio. – O termo possessão, então, parece-me não bem apropriado para o fenômeno em estudo. Ouvi mamãe dizer uma vez que Kardec utilizava o termo subjugação para este tipo de obsessão. Minha dúvida é: poderia o espírito obsessor, além de influenciar uma família, envolver toda uma comunidade?

Maria tomou a palavra e esclareceu.

– Preciso acrescentar à fala da Joana que a subjugação pode ser moral ou corporal. Vou explicar. Na subjugação moral, o obsessor faz imperar a sua vontade nas decisões, muitas vezes descabidas e absurdas, que o obsedado executa com a maior naturalidade. Na corporal, o espírito age sobre os órgãos materiais, provocando certos movimentos involuntários.

"Outro ponto que precisaremos aprofundar é a respeito da possessão. Embora Kardec não tenha utilizado o termo em *O*

Josué sentiu-se confortado pelo esclarecimento que acalmou seu coração. Mais confiante em si mesmo, guardou esse ensinamento com o qual enfrentaria, no futuro, diversas situações conflituosas e desafiadoras. Uma semente plantada, despretensiosamente, mas com carinho e amor, é a garantia de vitória de inúmeros jovens que frequentam a mocidade espírita. E as explicações não pararam por aí.

– Busca-se, de maneira equivocada, afastar os ditos "inimigos" ou "espíritos malignos" através deste método ancestral e ineficiente, o exorcismo, prática usual e culturalmente apresentada como fórmula mágica para resolver os problemas de relacionamento com os espíritos desencarnados. Existe uma diversidade grande de métodos que buscam a eliminação dessas almas, como se fosse possível matar ou eliminar os espíritos. Aqui, a ignorância responde por um percentual enorme de tentativas, algumas desastrosas, o que acaba sendo improfícuo ou mesmo provoca ainda mais os ânimos dos obsessores. Até hoje, nenhuma fórmula mostrou ser mais eficaz do que o amor, amenizando, esclarecendo, perdoando, compreendendo e, acima de tudo, exercendo a compaixão mútua de respeito à liberdade de cada um.

"Tudo o que é material não tem nenhuma influência direta sobre os espíritos, a não ser junto àqueles que, muito agarrados à matéria, embora já desencarnados, acreditam sinceramente em palavras, gestos ou materiais encantados, purificados, abençoados, capazes de cercearem seus propósitos menos felizes."

– Como alho, estaca de madeira e a cruz para afastar os vampiros? – perguntou o próprio Josué.

– É isso mesmo. Correto o seu exemplo. Tantos outros mais existem por toda parte, no entanto, aprendemos com o ensinamento dos espíritos que somente o entendimento do que seja a vida e as leis que regem a sociedade, seja na carne, seja fora dela, na Terra ou em outro orbe do espaço, faz com que a paz reine em cada coração.

"A grande alquimia da vida se chama amor, essa força intensa e desconhecida da humanidade, que por ora estagia na razão em busca do infinito. João, o evangelista, considerou ser, o amor, o próprio Deus. Gandhi, o pacifista indiano, caracterizou-o como a força mais poderosa que o mundo possui e a mais humilde que se possa imaginar. Para alguns, a causa cáusica de tudo o que existe.

"Em relação a Deus, os conceitos são também diversos. Para Pitágoras, era o grande arquiteto universal: 'Deus geometriza no universo!' É tão fascinante que cada um tenha a capacidade de identificar seus atributos no grau de elevação de seu próprio pensamento. Para os Judeus, representava aquele que cujo nome não se poderia pronunciar, visto ser tão abrangente que qualquer palavra restringiria o seu significado.

"Esses são apenas alguns conceitos para vocês perceberem a capacidade que a inteligência humana tem, respeitando o ponto de vista do semelhante. Não existe um conceito mais correto do que outro, apenas um sentimento diferenciado em relação à grandiosidade do que se chama vida".

Arthur sentia como se estivesse surfando num mar intensamente lotado de ondas, e cada uma era um raciocínio que pegava e deslizava, mas a sensação era que não tinha fim, o que o afligia um pouco. Sentia que cada argumentação apresentava uma infinidade de alternativas para serem seguidas, e cada uma delas com suas próprias razões. Era um êxtase coberto de receio, um verdadeiro paradoxo. O seu corpo estava presente, a sua mente vagava por outros mundos, enquanto sua alma assistia a tudo calmamente. Estar presente e não estar. Prestar atenção e ir além. Era como se existisse mais de um Arthur num mesmo

vam na mente de Arthur a respeito da atividade que ficara programada em aulas anteriores.

A tarefa consistia em ler o romance espírita *50 anos depois*" de psicografia de Chico Xavier pelo espírito Emmanuel, que narra, dentre outras, a história do espírito Célia, um anjo bom reencarnado na Terra para ajudar familiares na importante tarefa de fazê-los despertar para a luz eterna e verdadeira. Como acontece com tantas outras almas nobres que aqui estiveram, não foi compreendida, em primeira hora, pelos seus. Nada obstante, estendeu o seu amor para todos aqueles que se dignaram se sensibilizar com o clamor de bem-aventurança que emanava de sua boca em vibrações de paz e harmonia. Um convite à redenção pelo autoburilamento.

Após a leitura atenta, cada aluno deveria assumir a personalidade de uma das pessoas que conviveram com ela e retratar, num texto, suas impressões sobre o que absorveram das emanações de seu coração magnânimo. Não mais que duas laudas, mas que se sentissem confortáveis para contemplar os seus sentimentos, sem preocupações literárias. Escrever é um exercício de abrir o próprio coração. Materializar as expressões sentimentais que muitas vezes oprimem o peito. É dar liberdade à voz da alma. Todos deveriam ter a oportunidade de escrever e compartilhar as belezas que dormitam na essência do ser.

– Quem deseja começar a leitura? Creio que será uma oportunidade de muitas reflexões proveitosas para cada coraçãozinho aqui, inclusive para mim. Empatia é uma virtude que precisamos exercitar. Sentir com o outro as suas emoções e sentimentos, os quais engrandecem a quem se abre a tal proposta. Então, aguardo o primeiro voluntário – foi assim que Maria começou a estimular os jovens a se soltarem para a tarefa proposta.

– Tia – falou Josué, meio intimidado –, gostaria que fosse outro a iniciar. Fiz a tarefa e gostei deveras das histórias ali narradas, possuo algumas interrogações e outras afirmações, mas prefiro adiar um pouco, para me preparar mais adequadamente. Será que o Arthur não poderia começar? Adoro as colocações que faz, embora nem sempre as compreenda – deu uma risadinha manhosa, como a dizer que o entendimento de cada um é patrimônio individual.

A relação existente entre quem fala e quem ouve guarda, em si, nuances peculiares. Nem sempre o outro compreende o que se fala, muitas vezes interpreta segundo seus filtros internos. Quando não possui coragem bastante para refutar o assunto, sorri educadamente, enquanto guardamos a sensação de que fomos compreendidos. Falar é uma coisa e entender é outra completamente diferente.

Arthur, pego de surpresa, não se furtou ao chamamento. Abriu o zíper de sua mochila e retirou o texto no qual materializou os seus mais secretos sentimentos a respeito de Célia. Admiração e carinho cercados do mais sublime amor. Correu os olhos pelas páginas de seu caderno e disse que escolhera o seu avô, Cneio Lúcius, como referência para tarefa proposta. Sem mais, começou a ler:

– Cneio Lucius, eis o meu nome quando enfaixava as vestes de um autêntico romano. Homem probo e honesto, procurei, durante toda a romagem terrena, pautar minhas atividades profissionais e familiares num padrão de dignidade. Pai de família, foi através de meu filho Helvídio Lucius que fui agraciado com duas netas que mais pareciam pérolas a brilhar as belezas e tradições romanas. A mais nova chamava-se Célia, de coração nobre, educada nos moldes de uma família patrícia. Personalidade doce, sempre em dia com os cultos aos deuses familiares. Uma verdadeira candura, os seus modos cativavam, desde cedo, todos os que com ela conviviam. Ao meu coração, em particular, representava o sereno da tarde a cair, tão levemente, que mal se percebia já estar totalmente naufragado em sua brandura cativante.

"O peito opresso e um coração palpitante frente à expectativa de rever novamente a família que se ausentara de Roma anos a fio, no cumprimento de responsabilidades do Estado romano em sua vasta rede de conquista. Célia contava, nessa época, seus dezoito anos e radiante permanecia, pois aliava, à sua beleza física, os dotes incomuns da sua alma pura.

"Qual não foi a minha surpresa quando Helvídio me confidenciou as inclinações e simpatias da caçula pelos ditames do cristianismo. Contava com os meus pendores pedagógicos para salvar minha neta desse fenômeno, até então tido como traição ao todo poderoso Império Romano, então governado pelo imperador Élio Adriano.

"Poucas expressões na vida abalariam o meu íntimo mais do que a vocação peculiar de Célia ao tal Jesus Cristo, abandonando as tradições familiares de respeito ao panteão greco-romano. Bem possível fosse uma instabilidade emocional devido à sua pouca experiência de vida. Com um coração tão sensível, deixara-se levar por histórias fantasiosas próprias da juventude. Suas bases eram muito bem fundamentadas para se entregar a conceitos que não se coadunavam com a Roma Imperial.

"Absorto em meu escritório, no interior do lar que ficava aos pés do Monte Aventino, estava difícil conciliar os pensamentos. Como chamar a atenção de Célia sem esbarrar em sua delicadeza, buscando não ferir sua sensibilidade aguçada e respeitosa diante de mim? Defrontar sem macular, ajudar sem impor; ouvir, antes de tudo, os seus argumentos juvenis. Quando falamos de coração a coração, sem a companhia da espontaneidade, qualquer conversa pode ser considerada falta de habilidade em lidar com o tempo e seu aproveitamento perde-se por inteiro. Sufocando a prepotência natural da idade avançada e das experiências já vividas, continha-me sentindo que um novo mundo poderia descortinar-se a partir de minha postura humilde, reconhecendo que, perante o universo, somos muito pouco ou quase nada! Ao se tratar de almas milenares, o que representa a idade física!? Esse era um sentimento ainda não aceito pelo meu intelecto. Razão e emoção estavam dissociadas.

"As horas avançavam, céleres, até que chegou o grande momento. Vestida como uma deusa, seus olhos transpareciam uma paz inconfundível e estranhamente incomodativa. Energias desconhecidas acompanhavam a aura de minha neta. Um impacto diferente eu recebi, antes mesmo que trocássemos palavras. As emanações do bem são flechas transcendentes que atingem nossas almas num átimo de segundo...

"Sob o céu límpido de Roma, e tendo o sol como testemunha de nossa conversa, os lábios alcandorados de Célia começaram a despejar uma torrente de novos conceitos sobre minha alma ressecada pela exterioridade e convencionalismo dos deuses familiares. Um calor, feito uma febre, invadiu-me o ser diante daquele olhar translúcido, cujo potencial atestava a veracidade de suas palavras. E foi-se desnovelando, a partir de então, novas perspectivas para um homem que aguardava a morte, cônscio de já haver cumprido sua tarefa na vida, com a sensação do viajor cansado que, após peregrinar diuturnamente por um deserto, desiludido e sem esperanças, alcança o oásis divino nas ponderações de Célia, sobre um Evangelho que acalma e sugere um mundo novo de descobertas! Assim haveria de ficar marcado, pela eternidade, o primeiro contato com Jesus pela visão especial de uma santa, como o foi a minha querida neta.

"Posteriormente, li e reli avidamente os pergaminhos evangélicos, discutindo pormenores com ela, ocasião em que expandia ainda mais as benesses com que os feitos e as palavras de Jesus tocavam minh'alma. Ao seu lado, pude compreender nuances nunca previstas em minha mente privilegiada pelo saber humano, mas carente das realidades espirituais. Um véu de ilusões rompeu-se e novo olhar se apropriou de minha vida.

"Apesar de todo conhecimento absorvido no convívio com Célia, foi somente após o desencarne que pude ser testemunha ocular dos exemplos que sua alma santa me proporcionara. Passei a compreender o que se chama sacrifício em prol do semelhante. A palavra renúncia se materializou durante toda a sua vida e passou a ser meta na minha. Fé e confiança passaram a representar a certeza da misericórdia divina a cada instante! Os exemplos por ela deixados contribuíram sobremaneira para que pudesse me decidir, de maneira assaz empenhada, por iniciar caminhada rumo à conquista da paz. A grande luta é contra nós próprios, e o campo de batalha, o interior da alma. Os inimigos verdadeiros são as imperfeições que adquirimos nos prélios mal vividos.

"Para alcançar sua grande missão de autoconhecimento, basta o bem viver no lar que Deus nos proporcionou. Desafios não nos faltam! Os exemplos também não! Avancemos!

"Se até o lar nos faltar, miremos em Célia e abracemos a humanidade como a grande família. Quando ela albergou, em seu seio, uma criança desconhecida, abandonada na coluna lactária,[66] e que serviria para incriminar sua mãe, trazendo um transtorno familiar de consequências inimagináveis, serviu-se do expediente de assumir a criança como se sua filha fosse. Atitude digna dos santos que se materializam entre os homens, para demonstrar que somente o amor é lei universal e que, nele, devemos investir todas as nossas energias. Ele ultrapassa os limites da vida terrena.

---

66 Coluna lactária no mercado de legumes ou Fórum Olitorium era o local onde se expunham, diariamente, os recém-nascidos enjeitados na cidade de Roma.

"Se isso não bastasse, que saiamos pelo mundo – como ela fez – sem saber onde dormir, o que comer, o que vestir, mas certos de que Deus cobrirá nossa nudez, alimentará nossa fome e será o repouso sagrado de nossas almas cansadas. Diante dessas figuras santas, um abalo e uma certa vergonha se apossa de mim, devido à pouca confiança depositada na espiritualidade e ao quanto valorizei a vida material e o orgulho da família consanguínea. Contudo, surge o frescor de saber que os anjos não vivem felizes nos céus enquanto seus entes queridos lutam e se afundam no lamaçal das iniquidades. Bendito seja o amor que auxilia, conforta e incentiva o progresso da alma.

"Ao me inebriar das fulgurações irradiadas do coração sagrado de Célia, enche-me o ser de esperanças novas, de um futuro promissor e da necessidade de viver e amar indistintamente, sem qualquer senão, àquele que a vida nos endereçar, anônimo que seja, pois o acaso não existe!"

Silêncio completo na sala... Por um tempo, somente as palavras de Arthur, bem como o magnetismo da vida de Célia, imperaram naquele ambiente, até que alguém tomou a iniciativa de romper tal encantamento:

– Eu estou convicta de que ficou *top* o relato do Arthur, nem parece que foi ele que escreveu, será que foi intuído? Tenho uma pergunta, tia, e gostaria de ser esclarecida. Lá em casa, mamãe disse que ler romance é aprender espiritismo chupando bala, que os verdadeiros adeptos devem se dobrar sobre estudos filosóficos e científicos da doutrina. O que a senhora acha? – perguntou Sabrina, direta e transparente em seus argumentos, sem rodeios. – Por outro lado, papai é a favor do aprendizado por qualquer meio que encontre ressonância na mente e no coração daquele que se dispõe ao estudo, que tem boa vontade.

– Quem bom! Adoro quando surgem perguntas desafiadoras. Não posso deixar de repetir que toda e qualquer interpretação, na vida, tem o colorido daquele que a faz. Não existe mais e melhor em termos de compreensão. O apóstolo Pedro, em sua carta,[67] já nos advertiu que nenhuma passagem das escrituras sagradas é de particular interpretação. Podemos, isso sim, ter afeição por visões que são compatíveis com a nossa e nos desligarmos daquelas que se contrapõem. Acima de tudo, porém, cabe o respeito ao semelhante, àquele que pensa diferente de nós. A diversidade é oportunidade de aprender um pouco mais.

"O caso dos romances espíritas é um tema que suscita diversas discussões, levando desentendimento a vários grupos. Ainda hoje, lutamos interiormente com a verdade que é nossa, evitando a diversidade de pensamentos que venha de encontro ao que defendemos. Na pedagogia da vida, todo instrumento que esclarece e eleva é digno de respeito por si mesmo. Imaginem uma pessoa desconhecedora dos conceitos espíritas lendo os livros de Léon Denis, Alexandre Aksacof, William Crookes, Camille Flammarion e outros clássicos da literatura espírita!? Livros científicos e filosóficos que mais trariam confusão à cabeça de um iniciante espírita ou simpatizante do que esclarecimento. Jesus foi primordialmente utilizador da técnica de contar histórias e parábolas, a fim de demonstrar o que era o Reino dos Céus. Não utilizava conceitos técnicos, embora os possuísse; somente aproveitava o meio propício para tocar os corações. Falava de alimento a uma dona de casa (lembrem-se do fermento que leveda a massa); discorria sobre plantações e criação de ovelhas aos pastores e agricultores, como, por exemplo, na parábola da ovelha perdida e o senhor da vinha; e quando abordado por um mestre israelense, esclareceu sobre reencarnação. Nicodemos não compreendeu e questionou como poderia um homem adulto retornar ao ventre de uma mãe, já sendo velho, levando o Mestre a perguntar: "Tu és mestre em Israel e não sabe estas coisas?... Vos falei de coisas materiais e não entendeis e quando

---

67 II Pedro, 1:20.

vos falar das coisas espirituais?"[68] Esses são exemplos que nos mostram a expressão belíssima da pedagogia do Mestre Jesus."

E os argumentos sobre o evangelho fluíam dos lábios de Maria como se tivesse convivido ao tempo de Jesus, tal o magnetismo que se desprendia dela quando narrava alguma passagem evangélica. Os jovens, como que anestesiados, absorviam o frescor dos raciocínios como quem degusta um sorvete em tarde de verão. Prosseguiu ela, esclarecendo:

– Paulo de Tarso, em sua primeira carta aos Coríntios, no versículo 22, disse: "Fiz-me como fraco para os fracos, para ganhar os fracos. Fiz-me tudo para todos, para por todos os meios chegar a salvar alguns." Adaptar o conteúdo à linguagem daqueles que nos ouvem é postura fundamental para alcançar o objetivo proposto. O grande pedagogo Lev Vygotsky destacou a importância da mediação no processo de aprendizado infantil, todos somos criancinhas diante do Cristo,[69] em processo contínuo de desenvolvimento e amadurecimento do conhecimento.

"Nesse contexto, vejo o romance espírita como um meio proveitoso de ensinar conceitos espíritas de maneira suave, mas profundamente contagiante e real, pois descreve a vida e os atos de espíritos que vieram à Terra para nos ensinar a grandiosidade de Deus. Suas vidas impactam diretamente nos corações de quem trava contato com seus livros e exemplos. Adverte-nos São Vicente de Paulo: 'Não vos faltam os exemplos; rara é apenas a boa vontade'."[70]

Mais que depressa, Arquimedes aproveitou a oportunidade para reafirmar:

---

68 João 3:10 e 12.
69 I Coríntios, 3:1.
70 *O Evangelho segundo o espiritismo*, capítulo XIII, "Não saiba a vossa mão esquerda o que dê a vossa mão direita". Leitura intitulada "A Beneficência", item 12.

– Minha avó sempre repetia que as palavras convencem, mas que os exemplos arrastam.

Recebeu um aplauso conjunto da turma. Sinal de que estavam acompanhando o raciocínio de Maria, que se esforçava para se fazer compreensível da maneira mais simples possível e com vocabulário apropriado aos seus alunos. A simplicidade é um atributo que conquistamos à medida que galgamos as montanhas agrestes de nós mesmos, superando agruras e vencendo penhascos íngremes de solidão, desbravando florestas densas de incompreensão e resistindo aos ventos uivantes que sedimentam a fé na terra que nos sustenta.

Maria continuou sua explicação conduzindo, à reflexão que contesta e sedimenta o aprendizado absorvido.

– Não há que refutar a importância dos textos científicos e filosóficos, que são a base em que se ergue o edifício da fé raciocinada. Todavia, o amor é manso e silencioso como a gota da nascente de um rio que sustenta todo seu caudal até o mar. À semelhança do amor, os romances desempenham um papel fundamental nas nossas conquistas íntimas. Aliás, os romances são a prática e o teste a que nos propomos passar no encalço da evolução espiritual. A vida *é*, independentemente das comprovações científicas. E ainda que jamais comprovem, ela segue seu curso natural. Sou a favor de lermos uns e outros, ou seja, romances e leituras científicas e filosóficas. Já a minha avó, Arquimedes – dirigindo seu olhar carinhoso à sua figura ímpar, sorrindo com afeto amoroso – me ensinou que conhecimento não ocupa espaço. Estejamos abertos, sempre, a novos conhecimentos e sentimentos.

"Após essa conversa sobre romance e livro científico-filosófico, voltemos ao texto do Arthur! O que poderíamos destacar? Quem se habilita?"

Marina não se fez de rogada, logo tecendo suas opiniões a respeito do texto de Arthur e, mais especificamente, da personalidade cativante de Célia:

– E pensar que a Célia era uma mulher, ou melhor, uma menina, jovem que naquela época fez o que fez sem temor, enfrentando, inclusive, os pais. Como desejaria ter essa coragem! É uma verdadeira heroína. Acho que só mesmo com a certeza inabalável de Deus dentro de si, alguém é capaz de tamanho altruísmo. Um exemplo que podemos seguir ainda hoje, no século XXI. Desejo que nos inspire as forças necessárias para enfrentarmos os grandes desafios que o mundo nos oferece. Abdicar de si mesma, de seus sonhos e desejos, em prol do semelhante, é difícil de entender. Se foi capaz naquela época, significa que, hoje, caso nos esforcemos intensamente, também alcançaremos nossos objetivos. Não é fácil, mas é possível. Sua dedicação impressiona, seu devotamento à felicidade alheia inspira, seu amor incondicional emociona, sua paz contagia e sua determinação nos arrasta a sair de nossa zona de conforto.

Nesse embalo, Giovana complementou quase automaticamente:

– Eu me propus uma atividade diferente. Fiz uma relação entre as super-heroínas atuais com a Célia e cheguei à conclusão de que os poderes espirituais que emanavam do coração e da alma de nossa personagem sobressaem em relação às heroínas de nosso tempo.

Os meninos ficaram em polvorosa e aqueceram seus palpites sobre a relação da Gi, que logo começou sua descrição:

– **Batgirl**, embora toda a sua capacidade intelectual e domínio dos artefatos digitais, não alcançava a ciência transcendental, que Célia tinha, de encontrar saídas para problemas profundamente complexos entre seus relacionamentos afetivo-familiares.

“**Mera** e seu poder de manipular a água do jeito que quisesse, longe estava de conseguir a mutação de conceitos encastelados nas mentes dos combatentes que defrontavam o olhar fulgurante de Célia.

“Enquanto a **Mulher Invisível** dependia de sua concentração para criar campos de força invisíveis, Célia possuía, de forma permanente, um campo de força magnético que atraía as energias consoladoras para os necessitados.

“**Tempestade**, capaz de controlar todos os aspectos do tempo, permanece aquém da calma e da paz irmanadas pelas atitudes de Célia, acalmando tempestades emocionais e fazendo brilhar o sol da verdade nas trevas da ignorância.

“**Estelar** e seu poder de absorção de raios ultravioletas, com objetivo de transformar em energia intensa, carece de potencial quando defronta-se com a magia de Célia ao equalizar as energias superlativas da espiritualidade em nuances energéticos curadores, amenizando dores lancinantes dos doentes.

“**Gamora**, a mulher mais habilidosa no quesito artes marciais, com preferência pelas espadas, torna-se pequenina quando comparada à espada cortante e firme da verdade, que traz a marca da misericórdia e da justiça que ampara e normaliza situações. Célia ganha, uma vez mais.

“A força descomunal da **Mulher-Hulk**, que a leva também a uma resistência inacreditável à dor, rende-se irresistivelmente aos padrões da fortaleza íntima de Célia, ao defrontar situações tão desafiadoras que fazem abalar os mais fortes, vendo, na dor, uma alavanca impulsionadora da fé que fortalece e sustenta.

“**Feiticeira Escarlate** é peculiar, pois, além de sua personalidade problemática, tem a capacidade suprema de distorcer a realidade, sendo uma mutante de nível ômega. Célia, por sua vez, é a expressão sublime da mutação, pois consegue transformar o mal em bem, o desafio em oportunidade e o impossível num meio de aquisição da paciência que tudo modifica.

"**Capitã Marvel**, considerada uma feminista ativa e possuidora de defesa instantânea contra toxinas e venenos, dobra-se diante do destemor de Célia e sua hombridade frente ao tóxico do preconceito machista, religioso e prepotente do Império Romano.

"**Ravena** é peculiar, pois, exposta aos sentimentos extremos, cede aos seus instintos demoníacos herdados do pai. Célia, por outro lado, na presença de sentimentos extremos, desperta sua essência divina capaz de iluminar a mente e os corações das pessoas."

– Você é mesmo admiradora dessas heroínas, está fazendo uma apreciação muitíssimo interessante e admirável. Tudo o que existe na cultura humana é passível de interpretação espiritual, porque nós mesmos fazemos parte dela. Acredito que todos os super-heróis guardam semelhanças com os seres humanos, e esses tais superpoderes não representam mais do que o potencial que podemos viabilizar no dia a dia – foi assim que Alfredo contribuiu para o debate em andamento, com argumentos singelos e profundos, fazendo a cabeça de Arthur fervilhar um pouco mais além das ideias e, de tanto pensar, já se encontrava um pouco atordoado e lento.

– Calma, gente! Ainda faltam três heroínas para completar o time das mulheres superpoderosas. Sigamos em frente. Agora, é a vez da **Supergirl**, aquela que tem os mesmos poderes que o Superman – força, velocidade e invulnerabilidade, além da capacidade de voo. Embora tão extenso rol de poderes, nada que a brandura de Célia não possa remover. A força da presença e identidade que as leis eternas emanam tornam-na uma fortaleza de ânimo indestrutível, pois ameaças externas não são capazes de atingi-la.

"A próxima chama-se **Jean Grey**, conhecida como **Fênix**. É poderosa telepata de nível ômega, chegando ao cume com seus poderes mentais de telecinese e telepatia. Célia tanto transcende essas capacidades quanto entroniza a prática de sua mediunidade na ação ordinária de auxiliar e propor caminhos para o bem de todos. Telepata das energias superiores, percebe o ambiente como ninguém, com humildade capaz de dobrar corações endurecidos. Consegue curar pelo magnetismo fulgurante, aliado às vibrações de ordem superior.

"Finalmente, temos a **Mulher-Maravilha**, fundadora da Liga da Justiça, líder das Amazonas e, ainda, embaixadora da paz na ONU. Seus principais valores são o amor, a compaixão, a justiça e a igualdade de gênero. Eis uma heroína que bem se aproxima dos poderes extra-humanos de Célia, mas que ainda não alcançou a candura e a docilidade, virtudes fundamentais no trato com os menos felizes, bem como o amor e o devotamento que elevam os caídos no caminho, confortando os aflitos e sustentando os fracos."

E, assim, a discussão foi acalorada, sobre a relação criativa e original realizada por Giovana. Levaram um bom tempo dando opiniões, pois cada um tinha um detalhe a acrescentar. No geral, caiu no agrado de todos e as colocações sucediam-se, naturalmente, brotando dos corações de maneira espontânea e criando um clima de esperança em cada jovem ali presente.

A esperança e a juventude são indissociáveis. O futuro, sem os ares inebriantes da juventude ativa e desafiadora, torna-se um abismo sem fim. Desde Kardec, o espiritismo foi auxiliado pelas forças juvenis, propiciando a necessária oxigenação que garante o vigor que a sustenta.

14
A PORTA

Arthur era um vulcão em operação. Esse dia foi, para ele, um divisor de águas. Jamais seria o mesmo rapaz. A intensidade com a qual as ideias ganhavam presença em seu modo de ser não deixava dúvida sobre o significado em sua vida. Sentia-se como aquela cobra que necessita trocar o couro para continuar sua trajetória. Como uma fogueira reaquecida de oxigênio. Em sua cabeça crepitavam os conceitos absorvidos naquele dia, em especial.

A mudança não foi tão rápida como parece, à primeira vista. Assim como se espera o florir das árvores na primavera, abre-se a janela todos os dias e nada acontece. A transformação estava intensa em seu interior. De repente, eis que toda ela se abre em flores, como por encanto. Mal sabemos que, intensamente, de dentro para fora, foram se desenvolvendo os aspectos necessários para o florescimento, mas quem nada sabe a esse respeito vê acontecer um milagre em que, na verdade, a natureza trabalhou silenciosamente. Com Arthur não foi diferente.

Embora extremamente jovem na idade, seu espírito acumulava, em cada experiência, os atributos da renovação interior. A oportunidade não fora desperdiçada e a certeza da vida estuante, em harmonia completa, independentemente de sua vontade, além de se sentir um espírito imortal, tranquilizava seus anseios e incertezas de jovem, construindo, em sua alma, uma paz perene. Queria gritar para o mundo sua alegria, ainda que o chamassem de louco! O seu peito arfava, chegando a correr um calafrio por todo o seu corpo. Uma mistura de calor e frio ao mesmo tempo. É a paixão! Arthur estava apaixonado pela vida! Apaixonado por si mesmo!

– E aí, meu amigo?! Vejo que você se deleitou hoje, hein?! – emanou a voz do amigo desencarnado, quando repousava em sua cama, buscando se refazer de tamanhas emoções. Da trágica vida de Édipo aos alcandorados relatos de Célia, quanta lição, quanta reflexão, quantas emoções... Minha alma se regozija contigo. Da mesma forma que um lago vê suas águas agitadas e o lodo turvando seu interior, até que o tempo deposite os resíduos ao fundo, retornando a limpidez de antes, almejo que você acalente a certeza de que sua mente, agora turva pela intensidade de informações e sentimentos, repouse na tranquilidade do tempo, a fim de absorver o que há de melhor nos argumentos discutidos no dia de hoje, fazendo com que sua alma reflita, com clareza, a brancura dos reflexos divinos que guardas dentro de ti mesmo.

"Gostaria de recordar uma passagem de Jesus, quando afirmou: 'Eu sou a porta. Qualquer pessoa que entrar por mim, será salva. Entrará e sairá; e encontrará pastagem'.[71] Nessa metáfora, encontramos diversos elementos dignos de serem apreciados nos seus mais diversos entendimentos. Posso dizer que é uma síntese de tudo que te aconteceu no dia de hoje. Acredita?"

---

71 João, 10:9.

Mais do que depressa, o jovem respondeu:

– Aprendi a te respeitar e, até hoje, todas as suas ponderações têm calado fundo dentro de mim. Mas, assim de surpresa, não consigo apreender mais profundamente o que deseja explorar. Contudo, sou um bom ouvinte e, para aprender mais, estarei sempre de portas abertas, como disse Jesus – e abriu um sorriso com o trocadilho que acabara de realizar.

– Muito bem, fico aliviado em saber que seu humor está na ponta da língua – rematou a voz de seu amigo. – Digamos que a porta anunciada pelo Mestre seja uma constante na vida daquele que está disposto a conquistar novos horizontes. Despojar-se do que acha que sabe, embora possuidor de conceitos altamente respeitáveis, torna-se imprescindível para ter a mente aberta a novos horizontes, novas fronteiras. À medida que você se coloca aberto para novas experiências no campo intelectual e vivencial, atravessa a porta que sempre está aberta ao desbravador. Esse símbolo representa o fim e o início de uma jornada, de uma experiência, de um ciclo.

"Jesus representa a porta porque não houve, na face da Terra, espírito mais livre no quesito desapego. Ele fora totalmente autêntico. Mostrara-se tal qual era. Aceitou a iniciativa de seus contemporâneos a ponto de se entregar para ser preso e, levado à morte na cruz, ao lado de dois ladrões, sempre respeitou o limite de aprendizado do povo que o recebeu, mas não o compreendeu. Nem seus discípulos tiveram a capacidade de entender a sua missão. Aproveitou-se de cada oportunidade para ensinar a importância do amor ao próximo e toda a sua jornada foi um convite a despir-se do ego constritor em prol do espírito, que é reflexo do próprio Deus.

"Quando afirmou a necessidade de entrar e sair, elevou ao patamar de responsabilidade de cada um o ato em si de se mover com seus próprios esforços. Sair da inércia demanda um gasto de energia enorme. Contudo, em pleno movimento, o ir e vir torna-se uma força automática, que vai se incorporando no *modus operandi* daquele que iniciou a caminhada. Longe dessa dinâmica, estruturada nas leis que regem o universo, qualquer esforço pode se tornar desperdício de tempo e energia. Imprescindível saber por onde entramos e saímos, pois o fixar-se em qualquer situação ou circunstância significa objetivar uma coisa, quer dizer, iniciar um processo de sofrimento iminente, pois tudo na vida está em constante transformação. Entendeu?

– Creio que sim. Como tudo muda constantemente, se eu desejar possuir uma mesma sensação eternamente, isso me trará desgosto, porque gastarei energia em tentar atingir algo que já não é mais como da primeira vez. É isso?

– Perfeitamente assim, apenas não se esqueça de que esse raciocínio se adequa tanto às alegrias, quanto às tristezas. Estas também não são eternas, passam logo depois de deixarem um ensinamento necessário para impulsionar o desenvolvimento da alma. Por isso, é importante sempre exercitar a fluidez da vida. Jesus também ensinou que não deveríamos resistir ao mal. O que Ele queria dizer, senão esclarecer que a resistência é o ato de se fixar na atitude, esquecendo da necessidade de estarmos com a mente aberta a novas experimentações? A maleabilidade, a capacidade de absorção dos impactos das energias disparadas, sobre nós, pelo semelhante, reflete o conhecimento de manter a mente sempre aberta diante dos desafios. Aquele que não deseja um resultado, mas aceita e entende o desenrolar dos fatos com naturalidade, está mais propício a entrar e sair pela porta da experiência, sem fixar-se, demasiadamente, numa situação específica.

"O acúmulo de experiência pode ser um obstáculo a outras que desejam se achegar e batem, por isso, à porta. Não se fechar a conceitos previamente concebidos é estar de portas abertas para o novo, que tem a capacidade de nos ensinar pontos de vista diferentes. Interessante perceber que os dois verbos estão em conjunção: é importante entrar, mas devemos também sair. A saída não deixa de ser uma nova entrada, caracterizando um círculo que não se fecha jamais, vai evoluindo em espiral ascendente com pontos de conexão que servem para fixar positividades ou refazer ajustes que ainda não foram vividos.

"Qual é a sua visão, meu jovem amigo? O que pensas a respeito?" – ele nunca abria mão de ouvir as considerações do companheiro encarnado.

Arthur deu um suspiro grande, como a buscar, no fundo da mente, algum argumento sobre a passagem, e relaxou, procurando não interferir na lógica que brotava, naturalmente, de seus pensamentos:

– Fazendo um exercício para entender a passagem de Jesus no tempo atual, eu imagino que a porta à qual o Mestre se referia está, hoje em dia, mais apropriada a um portal de luz. Um portal que permite a entrada em ambientes além da matéria. Explico-me. Se Jesus vivesse hoje, diria assim: 'Eu sou o grande portal de luz, aquele que me acessar navegará ilimitadamente sem qualquer interrupção e próximo à velocidade da luz'. Então, aquele que conectar-se a Jesus encontrará um mundo ilimitado de perspectivas para sua vida. Navegará em ondas dinâmicas capazes de elevá-lo a parâmetros transcendentes. A senha que permite a conexão é o AMOR. Somente ele nos identificará na ressonância que une todos como irmãos.

"A universalidade democrática que o portal oferece vai além dos meios mecânicos de ligação. Ultrapassa a capacidade limitada das fibras óticas e da digitalização, isto é, do mecanismo zero e um. Supera em muito a comunicação via satélite, por mais avançada que seja. Em qualquer lugar que haja a manifestação do simples amor, a pessoa terá acesso incondicional ao grande portal luminoso de Jesus. Do Oiapoque ao Chuí, do Círculo Polar Ártico – ao norte – ao Círculo Polar Antártico – ao sul –, qualquer espírito, encarnado ou desencarnado, estará propício a entrar nessa nova dimensão em que vibra o amor genuíno e tantos outros sentimentos e emoções inimagináveis, por ora, para nós aqui na carne. Não existe, assim privilégio, senão uma seleção natural daqueles que vibrarem nas ondas do amor."

– Adorei a sua argumentação. Seu raciocínio está bem mais elaborado e aberto a direções renovadas de entendimento. A razão bem utilizada, assim como os sentimentos depurados na forja do trabalho íntimo, prepara-te para o que Jesus quis dizer quando sugeriu que devíamos, assim como Ele, "viver no mundo sem ser do mundo". O jovem que demora a entender essa verdade, às vezes atrasa os seus passos por caminhos que já foram trilhados em existências passadas. Revive os mesmos ambientes psíquicos para longe dos quais somente a vontade firme, o desejo intenso e a perseverança diária serão capazes de impulsionar o avanço real, para o universo que precisa ser desvendado.

"Abdicar de festas mundanas, por exemplo, com altos desperdícios de energias, quando já não satisfazem e preenchem o anseio de liberdade, de autonomia diante da vida e, acima de tudo, de responsabilidade que denota amadurecimento do espírito, é tarefa para poucos. A evolução, embora seja efetivada em sociedade, trabalha silenciosamente na individualidade. Caminhamos em multidão, entretanto, a educação do espírito é peculiar a cada alma, e nenhuma é igual à outra. Por isso, jamais se compare a ninguém, muitas vezes não saberá se é o melhor exemplo que está copiando. Em não sendo, sempre se vai além do mal imitado e, quanto ao bem, ficamos quase sempre aquém de suas realizações. Ser autêntico é objetivo de todos nós. Somos únicos em relação ao outro e unos junto aos irmãos de caminhada.

– Você sempre traz possibilidades diversificadas a respeito de tudo o que penso. Não teria alguma ideia a mais a acrescentar à minha interpretação de Jesus como portal de luz? – interveio o jovem de mente ansiosa por compreender um pouco mais sobre tudo.

– Como não?! O Evangelho de Jesus e todas as suas palavras e ensinamentos possuem um poder especial. Sabe qual é? Pois vou te dizer: as possiblidades de interpretação são ilimitadas como o número de mentes existentes no universo. Cada qual com seu modo peculiar de entender, sentir e vivenciar. Poderíamos ficar horas a fio... Que digo? Talvez ficássemos dias e dias ininterruptos a navegar pelos mares infindos de suas lições... e sabe o que aconteceria? Jamais chegaríamos ao fim, pois ele não existe.

"Lembra-se de que o Nazareno nos alertou que deveríamos procurar entrar pela porta estreita, porque larga é a porta e amplo o caminho que levam à perdição? Adaptando ao seu raciocínio, surge a pergunta: de que tamanho é, exatamente, essa porta? Digo logo. É do tamanho exato, nem mais nem menos do que um milímetro do nosso espírito. E como o espírito é uma luz e uma centelha, como bem descreveram os espíritos em *O livro dos espíritos*,[72] nenhuma porta material é passível de se adaptar ao tamanho de um feixe de luz, de uma onda ou pulso elétrico, um fóton ou quanta de energia. Enfim, a expressão de Jesus só cabe mesmo nessa dimensão extracorpórea e etereamente compreensível, que vai além de nossa capacidade de entendimento.

"Como havia falado, a multidão passa pela porta larga, mas somente o espírito é capaz de penetrar os portais dessa outra dimensão. Não que a porta larga represente o pior dos mundos e das possibilidades. Torna-se importante quando somos crianças e precisamos de proteção e orientação, apoio mútuo, necessário por um tempo específico. À medida que amadurecemos, an-

72 Questão número 88 de *O livro dos espíritos*.

damos com nossas próprias decisões de vida, enquadramo-nos na perspectiva de sublimação individualizada, qualificando-nos para penetrar o portal de luz estreito.

"Até que seja uma realidade para cada espírito, e dado que a senha do amor não é uma constante em nossas vidas, vamos ligando e desligando, conectando e desconectando da rede de amizade à qual o Mestre nos convidou. Vamos vacilando e a conexão fica falha: ora dispara na velocidade dos *gigabytes*,[73] fluindo com rapidez e encantamento, ora fica lenta e com diversos ruídos, que parecem placas inibidoras da energia cósmica.

"A esse processo de conexão podemos acrescentar a sustentação da fé. Esta provém do termo *fides*, radical da palavra fidelidade, ou seja, sinônimo de harmonia e sintonia."

– Então, ter fé não tem nada a ver com a simples crença em algo sobrenatural!? Hum, realmente fico, a cada dia que passa, mais impressionado com o desconhecimento daquilo que me cerca, um movimento natural da vida cotidiana que ainda me escapa à percepção. Encabulo-me sem saber se rio ou se choro – interveio Arthur, com sua disposição incansável para "futucar", para extrair um pouco mais de sabedoria.

– Não se perca nas interpolações mentais que surgem a cada momento em sua cabeça. Esforço-me para engendrar um raciocínio lógico que permita um aproveitamento para todos nós – pontuou o amigo do outro plano. – Retomando, a fé representa a fidelidade da conexão: à medida que ela se fortalece, permanecemos com mais tempo e intensidade, vibrando na rede cósmica do amor divino. Sintonia fina nos ajustes em todos os aspectos do dia a dia. De pensamentos a palavras e gestos, instintos, emoções e sentimentos perfilados num único propósito. Eis a unidade que reina na natureza.

---

73 É uma unidade de medida de capacidade de memória, que vale 1.000 megabytes.

"Ah, meu amigo, não podemos esquecer a interpretação clássica do entrar e sair pela porta como sendo o processo de reencarnação, através do qual temos a oportunidade de desenvolver nossas aptidões e habilidades. A porta, nesse caso, tem a simbologia do túmulo, quando devolvemos à terra o que a ela pertence, no que ficou denominado morte, e também do chamado útero materno, quando retornamos ao corpo físico para as novas experiências de reeducação."

– Admirável a capacidade de interpretação, né?! Não teria, sozinho, o potencial de assim entender os conhecimentos do Evangelho. Não seria legal criar um grupo, no *Facebook* ou noutra rede social, para discussão e interpretação das passagens evangélicas? Quantas contribuições não teríamos! Vou conversar com a tia Maria lá do centro, quem sabe a ideia não ganha corpo?!

– Essa talvez seja a mais bela e profícua função dos textos evangélicos, trazê-los para a realidade e praticidade de nossa vida aqui na Terra. Essa ideia que você teve, tanto quanto outras que vão brotando em nossas mentes, à proporção que nos sintonizamos com o Cristo, são a expressão do amor materializado em auxílio mútuo.

O silêncio se fez presente na cabeça de Arthur e o sono entrou sem bater à porta, afrouxando suas pálpebras, o que causou um relaxamento em todo o seu corpo. Deixou-se ficar por completo em sua cama aconchegante e começou a dialogar com "Morfeu",[74] num sono profundo e reconfortante.

O dia havia sido realmente repleto e intenso, embora quem olhasse de fora de sua perspectiva contemplasse mais um dia corriqueiro de um jovem que cumpre os seus compromissos colegiais. Contudo, em seu íntimo, um tsunami de alternativas e

74 Morfeu (em grego: **Μορφεύς**, transl.: *Morphéus*, lit "moldador; a forma") é o deus do sonho na mitologia grega. Disponivel em: https://pt.wikipedia.org/wiki/Morfeu.

conhecimentos inundou a terra nova de um coração pleno de potencial. A juventude é oportunidade de agregar valores novos para espíritos vividos, muitas vezes cansados do ir e vir das reencarnações, e de iniciar passos decisivos à conquista de novos ares.

Enfim, a calma se instalou, ainda que temporariamente...

15
EPÍLOGO

A voz amigável se fez presente na cabeça do jovem Arthur, ainda por muito tempo. Na verdade, o acompanhou por todo o período juvenil, algumas vezes mais intensamente, em outras mais intuitivamente. A amizade transcende os aspectos físicos, ainda hoje não compreendida por inúmeras pessoas que acabam fazendo chacota do que não entendem porque não a vivenciam na plenitude desejável. Aquilo que lhes escapa é digno de receio e preconceito. Estar aberto a novas alternativas é um aspecto que se potencializa na fase juvenil. Com o tempo, a malha social vai envolvendo e dificulta os voos sagrados do espírito, embora esteja preso ao corpo físico.

Benditos aqueles que conseguem disseminar, pela sua vida, um ar de leveza diante da rotina e dos desafios relativos ao ser humano e sua sociedade. Incorporar a utopia de consertar a vida buscando o melhor, individualmente e no âmbito coletivo, sonhando com a paz e a harmonia, desejando o respeito mútuo e a igualdade de oportunidades.

Jesus foi um contestador de seu tempo. Afirmou que não viera destruir a lei, mas dar-lhe cumprimento. No quesito lei mosaica, foi de encontro a ela em inúmeras oportunidades. Comer sem lavar as mãos, curar num sábado, conversar com pecadoras etc. Cônscio de seu papel, afrontou, fez o que devia e sofreu as consequências de seus atos, sendo alvo da incompreensão e da perseguição que culminou com sua morte entre dois ladrões.

Sua ética transcendia a sociedade em que vivia. Assim, foi além dos padrões comuns da época, demonstrando, na prática, como devemos nos comportar em todas as ocasiões de nossas vidas. Tido como profeta, seus ensinamentos irmanavam amor e oportunidade a todos que decidissem aceitar os seus conselhos, sem qualquer discriminação de sexo, religião, idade, gênero ou etnia.

Fora buscado pelos que queriam milagres e curas de corpos para deleite dos prazeres e, embora realizasse recomposições na carne, deixava a certeza de que a alma saudável retrata corpos sãos, e vice-versa. A cada coxo que voltava a andar; a cada cego que voltava a enxergar; a cada alucinado que voltava à razão, Jesus patenteou a importância de glorificação do ser humano, com o objetivo de viver abundantemente essa vida, rindo e chorando, alegre e triste, com dores ou sem elas, mas, acima de tudo, pleno para agregar valores ao seu espírito, ou seja, as verdadeiras riquezas, as quais ladrões não conseguem roubar, traças não conseguem corroer e ferrugens não conseguem consumir.

O Mestre galileu sempre esteve cercado por jovens, incluindo João, considerado o apóstolo amado, um dos que presenciaram grandes feitos e ensinamentos de seus lábios. Convivia diariamente com Ele, sendo referência após a sua morte e escrevendo o Evangelho considerado o mais transcendente, narrando um Jesus que era a encarnação do verbo, enquanto os demais, chamados sinópticos, mostram a vida de Jesus cronologicamente e com ênfase para os fatos históricos e contemporâneos da época.

Esteve por diversas vezes cercado pelas crianças, abençoando-as e colocando-as como referência para todo aquele que desejasse ser o maior no Reino dos Céus. A pureza da entrega e da confiança que precisamos ter na vida; a singeleza e a naturalidade da criança, são virtudes imprescindíveis à conquista de nós mesmo, que, para o entendimento do espírito como ser integrante na obra prima universal.

Sua primeira manifestação foi em uma festa de casamento, onde a alegria permeava o consórcio de amor entre duas pessoas. Deixou claro, com essa atitude, a importância de "viver no mundo", guardando, porém, a reserva de respeitar cada um de acordo com seu modo de ser e entender a vida. Transformou água em vinho, integrando-se aos costumes de sua época. Fez ver que o amor aos amigos suplanta qualquer diferença conceitual de como se deve viver.

Participou, junto aos seus discípulos, das festividades de Jerusalém, não condenando seus ritos, mas sobrepondo o respeito da devoção de cada religião. Preparou a ceia para celebração da páscoa judaica e honrou cada discípulo ali presente, fazendo-se humilde para lavar os seus pés.

Amizade e companheirismo acompanharam os atos mais simples em sua convivência. Amante da natureza, imergiu nela durante quarenta dias buscando energias para dispensá-las por três anos ininterruptos, em prol de toda a humanidade. A jovialidade estava em suas palavras, incentivando, enxergando a melhor parte das situações e depositando, em cada coração, a certeza de uma vitória, característica própria dos espíritos jovens!

Arthur nunca foi um jovem que se destacasse na família, entre os amigos ou mesmo na escola. Trazia, em seu íntimo, a certeza de que precisava realizar os conceitos que apreendia a cada dia dentro de si mesmo, como um bom garimpeiro que vai amealhando, vagarosamente, a poeira de ouro quase imperceptível que, ao final do dia, brilha aos seus olhos ávidos de prazer e alegria.

Suas atitudes foram sempre muito discretas, mas efetivas nos corações daqueles que desfrutavam de sua convivência. Foi colecionando amizades neste mundo e no outro, o que lhe rendeu emoções inexplicáveis. Agregou a certeza da imortalidade à prática do amor fraternal, na vida presente. Cresceu em sabedoria e emocionalmente. Sofreu como qualquer ser humano, no estágio em que nos encontramos. Equivocou-se, como só acontece com aquele que arrisca viver, assumindo responsabilidades sobre os seus atos. Amou e fez sofrer corações diversos. Continua caminhando em suas experiências terrenas. Ganhou mares e desbravou horizontes. Voou para terras distantes e sedimentou a importância da filosofia nas questões cotidianas.

Esse foi Arthur, apenas um jovem inquieto, em si mesmo.

REFERÊNCIAS

ANDRADE Hernani Gurimarães. **Psi Quantico**. Votuporanga: Didier, 2001.

ANDRÉ LUIZ (espírito). **Evolução em Dois Mundos**. Psicografado por Francisco Candido Xavier e Waldo Vieira. Brasília: FEB, 2013.

DENNIS, Léon. **O Problema do ser do destino e da dor:** os testemunhos, os fatos, as leis: estudos experimentais sobre os aspectos ignorados do ser humano; as personalidades duplas; a consciência profunda; a renovação da memória; as vidas anteriores e sucessivas etc. 32ª ed. Brasilia: FEB, 2012.

EMMANUEL (espírito). **O Consolador.** Psicografado por Francisco Candido Xavier. Brasília: FEB, 2013.

EMMANUEL (espírito). **Pensamento e Vida**. Psicografado por Francisco Candido Xavier. Brasília: FEB, 1958.

FRANK, Anne **O diário de Anne Frank**. Tradução de Alves Calado Rio de Janeiro: Record, 2019

JUNG Carl G. **O homem e seus símbolos**. Tradução de Maria Lucia Pinho. 3ª ed. especial. Rio de Janeiro: Harper Collins, 2016.

KARDEC, Allan. **O Evangelho segundo o Espiritismo.** Tradução Guillon Ribeiro. Brasilia: FEB, 2013.

KARDEC, Allan. **O Livro dos Espíritos.** Tradução Guillon Ribeiro. Brasilia: FEB, 2013.

KARDEC, Allan. **O Livro dos Médiuns.** Tradução Salvador Gentile. Arara: IDE, 2008

LARRANAGA Inácio. **O irmão de Assis**. Tradução Fr. José Carlos Corrêa Pedroso. São Paulo: Paulina, 1984.

MATTIS-NAMGYEL, Elizabeth. **O poder de uma pergunta aberta: o caminho do Buda para a liberdade**. Teresópolis: Lucida Letras, 2018.

NOVAES, Adenáuer Marcos Ferraz de. **O vôo do Espirito**. Salvador: Fundação Lar Harmonia, 2018

NOVAES, Adenáuer Marcos Ferraz de. **Sonhos:** mensagens da alma. Salvador: Fundação Lar Harmonia, 2001.

PASSINI, Dorvalino Francisco. **Fontes Franciscanas**. Santo André: Mensageiro de Santo Antonio, 2005.

ROHDEN, Huberto. **Sabedoria das Parábolas**. Editora: São Paulo: Martin Claret, 2005.

SOFOCLES. **Rei Édipo.** Tradução Annibal de Andrada Mascarenhas. Formato Kindle, 2018.

SUZUKI Shunryu. **Mente Zen, Mente de Principiante: palestras informais sobre meditação e prática Zen**. Nova Friburgo: Palas Athena, 1994.

Conheça outros livros do Instituto Lachâtre

Os Cátaros e a Heresia Católica

Os cátaros e a heresia católica vem nos contar a história de uma das mais ricas civilizações que já surgiram na Europa: a dos cátaros ou albigenses. Sua doutrina, que pregava um cristianismo recuperado, reconstituído e resgatado na sua pureza, foi apagada dos registros da história e seus profitentes violentamente assassinados, em decorrência da feroz perseguição movida pela igreja católica. Livros e gentes foram queimados em profusão nas fogueiras da Idade Média para garantir que a heresia católica mantivesse seu domínio.

Estação Final

Em *Estação final*, Fernando de Souza realizou uma incursão pelo campo do romance espírita, construindo uma narrativa em que Lael, um jornalista desencarnado, analisa vários processos desencarnatórios.

Trata-se de uma obra baseada na experiência do autor na escuta de espíritos nas reuniões mediúnicas e em casos relatados em livros como O céu e o inferno (Allan Kardec) e Obreiros da vida eterna (André Luiz/Chico Xavier).

De leitura leve e com importantes reflexões, Estação final nos convida a pensar não só sobre o momento da morte, mas principalmente sobre o que fazemos em "vida".

Enquanto estás a caminho

Enquanto estás a caminho nos conduz a importantes reflexões sobre o momento presente em nossas vidas, sobre como podemos fazer boas escolhas e aproveitar bem as experiências de reajustamento.

O espírito Ana Cecília, com sua linguagem espontânea, convida-nos a um olhar mais atento sobre nós mesmos, partindo da história de Viviana e Érika, duas amigas que, dirigindo-se a São Paulo pela estrada de Santos, encontram ali, "enquanto estavam a caminho", um acontecimento que mudaria completamente o rumo de suas vidas e das pessoas à sua volta.

Esta edição foi impressa em janeiro de 2021, sendo tiradas mil cópias, todas em formato fechado 155x225mm e com mancha de 120x185mm. Os papéis utilizados foram o Offset 75g/m^2 para o miolo e o Cartão Supremo Alta Alvura 300g/m^2 para a capa. O texto foi composto em Baskerville BT 13/15,6 e os títulos foram compostos em Gold Bold Italic. A programção visual da capa foi elaborada por Fernando Campos.